Ce Guide vous permet de préparer votre Road Trip sur la Route 66

Un voyage initiatique sur la route 66, patrimoine historique et culturel des Etats Unis

D1725794

Ce carnet est divisé en 8 états et 36 sections.

Pour chacune des sections, vous trouverez :
- Le tracé général sur une carte
- Un ou deux plans détaillés
- Les points d'intérêt repérés par une lettre
- La photo de chaque point
- Le tableau avec la distance entre deux points
- Le cumul des distances dans l'état traversé
- L'adresse du point d'intérêt
- Les coordonnées GPS
- Les points de sortie
- Les points de modification de tracé

 Point d'Intérêt

 Repère carte

 Exit

 Turn Left

 Turn Right

En fin de carnet vous pourrez personnaliser votre trip :
- Les étapes que vous aurez choisies
- Le listing des affaires à emporter et les astuces
- Le tableau des dépenses journalières
- Le tableau des distances réalisées par jour

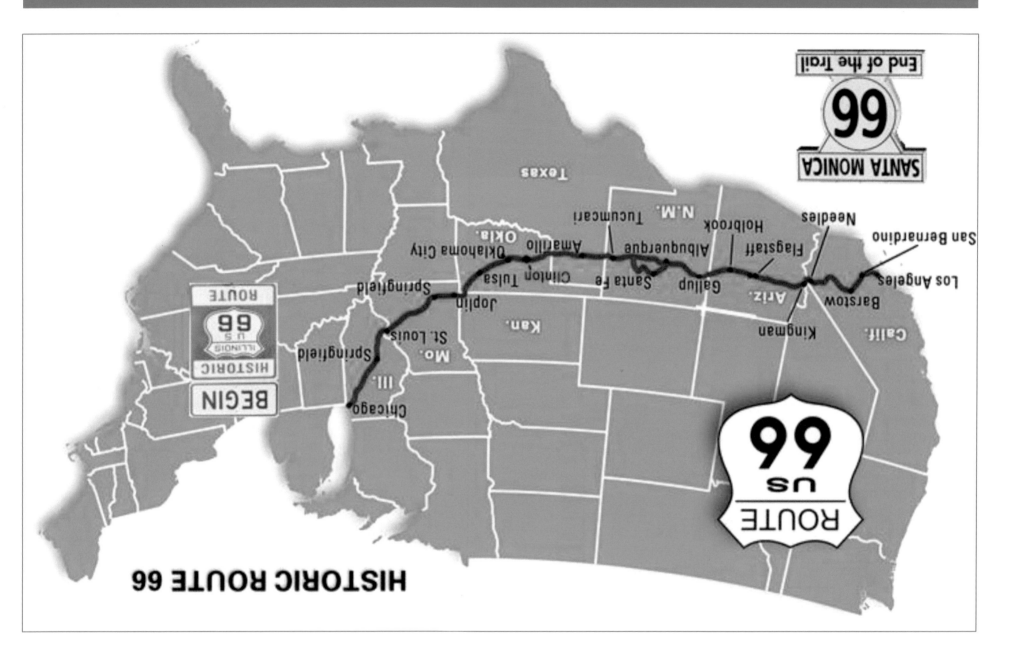

HISTORIC ROUTE 66

State	Part	Section	Pages		Miles	Km
ILLINOIS	1	Chicago - Joliet	4	5	45,6	73
ILLINOIS	2	Joliet - Towanda	6	7	80,6	129
ILLINOIS	3	Towanda - Springfield	8	9	86,3	138
ILLINOIS	4	Springfield - St Louis	10	11	101,9	163
					314,4	**503**
MISSOURI	1	St Louis - Stanton	12	13	88,1	141
MISSOURI	2	Stanton - Devil's Elbow	14	15	68,1	109
MISSOURI	3	Devil's Elbow - Springfield	16	17	95,0	152
MISSOURI	4	Springfield - Joplin	18	19	80,0	128
					331,3	**530**
KANSAS	1	Galena - Baxter Springs	20	21	14,4	23
					14,4	**23**
OKLAHOMA	1	Quapaw - Miami	22	23	20	32
OKLAHOMA	2	Miami - Catoosa	24	25	80,0	128
OKLAHOMA	3	Catoosa -Sapulpa	26	27	35,6	57
OKLAHOMA	4	Sapulpa - Chandler	28	29	54,4	87
OKLAHOMA	5	Chandler - Oklahoma City	30	31	42,5	68
OKLAHOMA	6	Oklahoma City - Hinton	32	33	54,4	87
OKLAHOMA	7	Hinton - Clinton	34	35	38,1	61
OKLAHOMA	8	Clinton - Texola - Texas	36	37	68,8	110
					393,8	**630**

State	Part	Section	Pages		Miles	Km
TEXAS	1	Welcome Texas - Mc Lean	38	39	37,5	60
TEXAS	2	Mc Lean - Conway	40	41	47,5	76
TEXAS	3	Conway - Amarillo	42	43	41,9	67
TEXAS	4	Amarillo - Glenrio	44	45	63,1	101
					190,0	**304**
NEW MEXICO	1	Glenrio - Tucumcari	46	47	46,9	75
NEW MEXICO	2	Tucumcari - Pecos	48	49	155,6	249
NEW MEXICO	3	Pecos - Santa Fe	50	51	33,8	54
NEW MEXICO	4	Santa Fe - Albuquerque	52	53	75,6	121
NEW MEXICO	5	Albuquerque - Grants	54	55	77,5	124
NEW MEXICO	6	Grants - Arizona	56	57	83,1	133
					472,5	**756**
ARIZONA	1	Lupton - Holbrook	58	59	75,6	121
ARIZONA	2	Holbrook - Winslow	60	61	60,0	96
ARIZONA	3	Winslow - Flagstaff	62	63	48,8	78
ARIZONA	4	Flagstaff - Seligman	64	65	76,9	123
ARIZONA	5	Seligman - Topock	66	67	145,0	232
					406,3	**650**
CALIFORNIA	1	Topock - Amboy	68	69	101,9	163
CALIFORNIA	2	Amboy - Barstow	70	71	93,1	149
CALIFORNIA	3	Barstow - San Bernardino	72	73	80,0	128
CALIFORNIA	4	San Bernardino - End of Trail	74	75	75,0	120
					350,0	**560**

Partie 1 : Chicago - Joliet

- ⊙ Begin Route 66
- ⊙ Chicago - Lou Mitchell's
- ⤷ 1 - Turn Left - Ogden Ave
- ⤷ 2 - Turn left - Harlem Ave
- ⤷ 3 - Turn Right - Historic Route
- ⊙ Mc Cook - Welcome
- ⤷ 4 - Exit 267 - Romeoville
- ⊙ Joliet - Rich & Creamy
- ⊙ Joliet - Dick's Towing
- ⤷ 5 - Turn Left - Historic Route
- ⊙ Joliet - Old Joliet Prison
- ⊙ Joliet - Blues Brothers Copm...

Miles	Cumul	Km	Cumul	Repère	City	POI	Address	GPS
0,0	0,0	0	0	A	Chicago	Begin Route 66	78-98 E Adams St, Chicago, IL 60603, United States	41.87961, -87.6246
1,3	1,3	2	2	B	Chicago	Lou Mitchell's (Breakfast before Trail)	565 W Jackson Blvd, Chicago, IL 60661, United States	41.87791, -87.64214
12,5	13,8	20	22	C	McCook	Welcome Sign	8408 Joliet Rd, McCook, IL 60525, United States	41.69074, -88.05741
25,0	38,8	40	62	D	Joliet	Rich & Creamy	920 N Broadway St, Joliet, IL 60435, United States	41.54041, -88.08512
0,0	38,8	0	62	E	Joliet	Dicks on Route 66	921 N Broadway St, Joliet, IL 60435, United States	41.5335, -88.07265
1,9	40,6	3	65	F	Joliet	Old Prison	1125 Collins St, Joliet, IL 60432, United States	41.54544, -88.0739
5,0	45,6	8	73	G	Joliet	Blues Brothers Copmobile	2410 S Chicago St, Joliet, IL 60436, United States	41.47995, -88.08059

Partie 1 : Chicago - Joliet

A	Chicago	Begin Route 66
B	Chicago	Lou Mitchell's (Breakfast before trail)
C	McCook	Welcome Sign
D	Joliet	Rich & Creamy
E	Joliet	Dicks on Route 66
F	Joliet	Old Prison
G	Joliet	Blues Brothers Copmobile

Partie 2 : Joliet - Towanda

- 📷 Wilmington - Gemini Giant
- 📷 Braidwood - Polk-A-Dot Drive
- 🔁 1 - Turn Right - Left Route 66
- 📷 Gardner - Sign on route
- 📷 Gardner - Two Cell Jail
- 📷 Dwight - Ambler's Gas Station
- 📷 Odell - Standard Gas Station
- 📷 Pontiac - Route 66 Wall Art
- 📷 Towanda - Historic Route 66

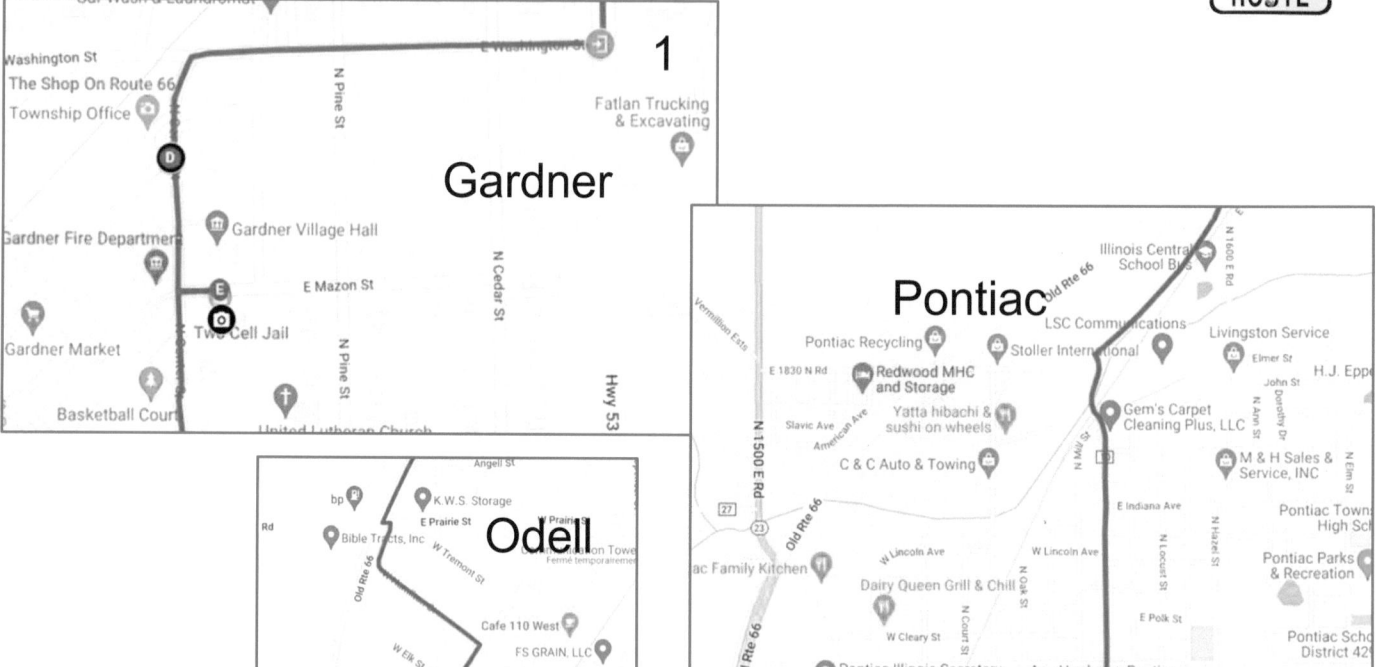

Gardner

Pontiac

Odell

Miles	Cumul	Km	Cumul	Repère	City	POI	Address	GPS
5,0	45,6	8	73	A	Joliet	Blues Brothers Copmobile	2410 S Chicago St, Joliet, IL 60436, United States	41.47995, -88.08059
12,5	58,1	20	93	B	Wilmington	Gemini Giant	S East St, Wilmington, IL 60481, United States	41.31039, -88.13871
5,0	63,1	8	101	C	Braidwood	Polk-A-Dot Drive In	222 N Front St, Braidwood, IL 60408, United States	41.26526, -88.20997
7,5	70,6	12	113	D - E	Gardner	Sign on Route - Two Cell Jail	400 E Mazon St, Gardner, IL 60424, United States	41.18845, -88.3047
10,6	81,3	17	130	F	Dwight	Ambler's Texaco Gas	417 W Waupansie St, Dwight, IL 60420, United States	41.09401, -88.43944
8,1	89,4	13	143	G	Odell	Standard Oil Gas Station	400 S West St, Odell, IL 60460, United States	41.0019, -88.52906
10,0	99,4	16	159	H	Pontiac	Route 66 Wall	321 N Main St, Pontiac, IL 61764, United States	40.89828, -88.62361
26,9	126,3	43	202	I	Towanda	Historic Ballad Route 66	Historic Rte 66 Trail, Towanda, IL 61776, United States	40.56672, -88.8997

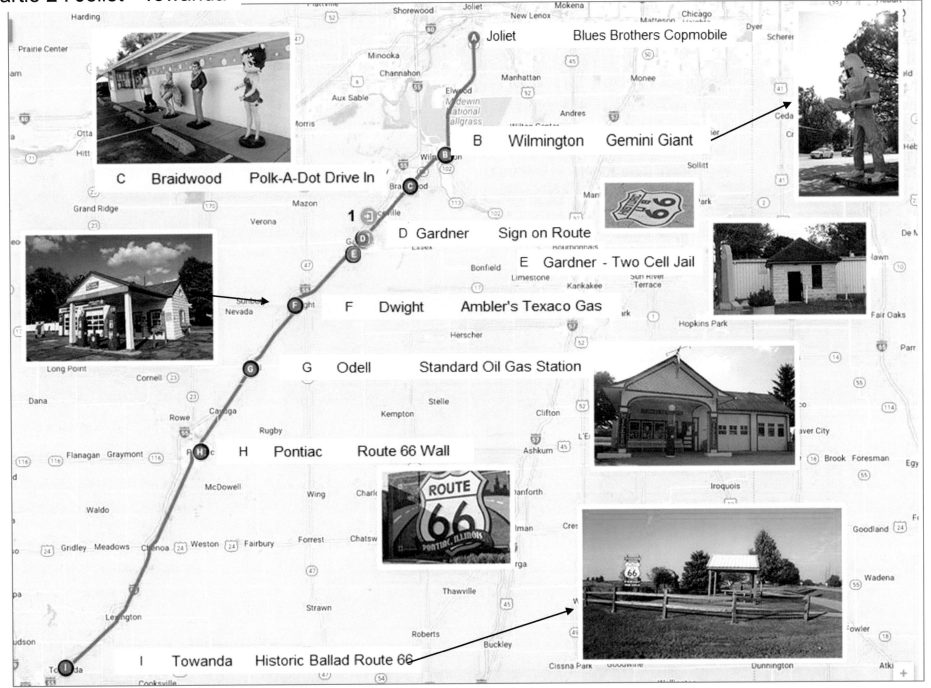

A   Joliet   Blues Brothers Copmobile

B   Wilmington   Gemini Giant

C   Braidwood   Polk-A-Dot Drive In

D   Gardner   Sign on Route

E   Gardner - Two Cell Jail

F   Dwight   Ambler's Texaco Gas

G   Odell   Standard Oil Gas Station

H   Pontiac   Route 66 Wall

I   Towanda   Historic Ballad Route 66

ROUTE 66

ILLINOIS

HISTORIC
ILLINOIS
US 66
ROUTE

Partie 3 : Towanda - Springfield

- Normal - Sprague's Station
- 1 - Turn Right - Willow St
- 2 - Turn Right - E South St
- Atlanta - Paul Bunyan Statue
- Atlanta - Water Tower Smile
- Lincoln - Covered Wagon
- Williamsville - The Old Station
- Springfield - Lincoln Tomb
- Springfield - Lincoln Home
- 3 Turn Right - Stanford Ave
- Springfield - Lauterbach Giant
- Cozy Dog Drive In

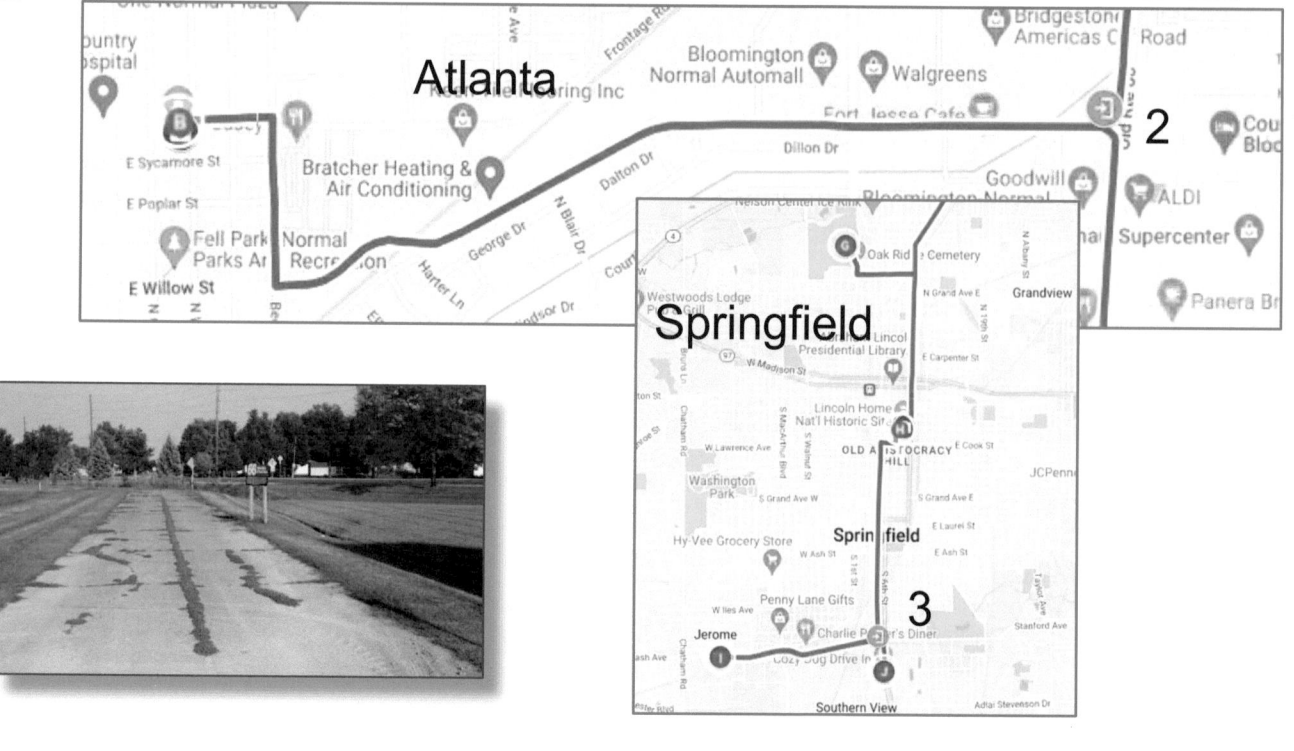

Miles	Cumul	Km	Cumul	Repère	City	POI	Address	GPS
26,9	126,3	43	202	A	Towanda	Historic Ballad Route 66	Historic Rte 66 Trail, Towanda, IL 61776, United States	40.56672, -88.8997
7,5	133,8	12	214	B	Normal	Sprague's Super Service Station	305 Pine St, Normal, IL 61761, United States	40.51746, -88.98061
26,9	160,6	43	257	C	Atlanta	Tall Paul Bunyan Statue	112 SW Arch St, Atlanta, IL 61723, United States	40.26079, -89.23149
0,6	161,3	1	258	D	Atlanta	Smiley Water Tower	407 SW 2nd St, Atlanta, IL 61723, United States	40.25979, -89.23521
13,8	175,0	22	280	E	Lincoln	Lincoln	1750 5th St, Lincoln, IL 62656, United States	40.14859, -89.38731
16,3	191,3	26	306	F	Williamsville	Gas Station	117 Elm St, Williamsville, IL 62693, United States	39.95509, -89.5501
13,1	204,4	21	327	G	Springfield	Lincoln Tomb	1441 Monument Ave, Springfield, IL 62702, United States	39.82284, -89.65666
2,5	206,9	4	331	H	Springfield	Lincoln House	426 S 7th St, Springfield, IL 62703, United States	39.7975, -89.64616
3,8	210,6	6	337	I	Springfield	Lauterbach Giant	1529 Wabash Ave, Jerome, IL 62704, United States	39.76418, -89.67867
1,9	212,5	3	340	J	Springfield	Cosy Dog Drive Inn	2935 S 6th St, Springfield, IL 62703, United States	39.76239, -89.64883

Partie 3 : Towanda - Springfield

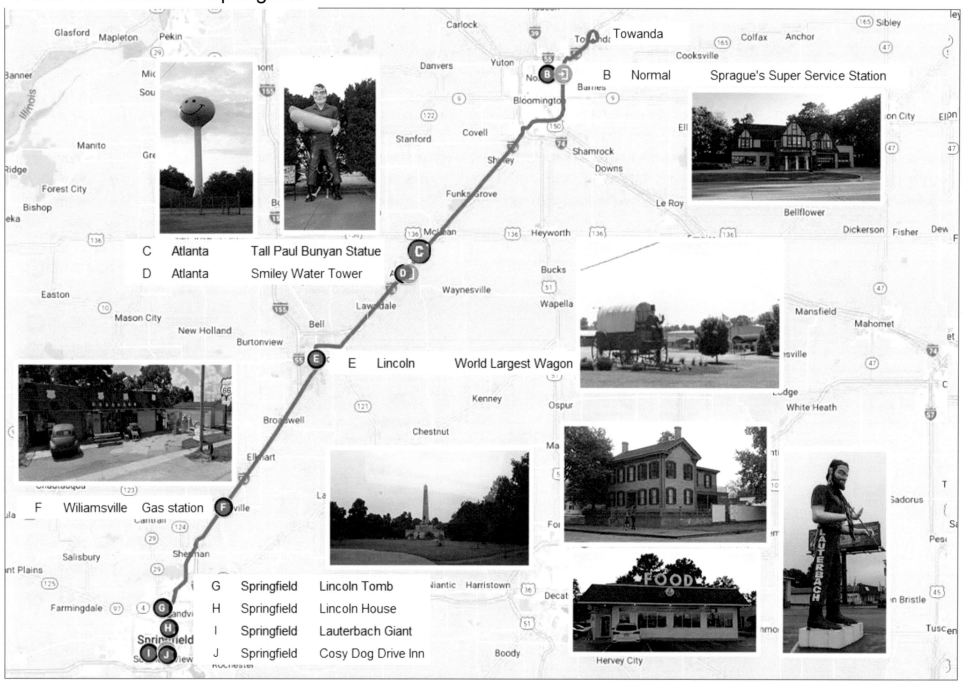

A   Towanda

B   Normal   Sprague's Super Service Station

C   Atlanta   Tall Paul Bunyan Statue

D   Atlanta   Smiley Water Tower

E   Lincoln   World Largest Wagon

F   Wiliamsville   Gas station

G   Springfield   Lincoln Tomb

H   Springfield   Lincoln House

I   Springfield   Lauterbach Giant

J   Springfield   Cosy Dog Drive Inn

Partie 4 : Springfield - St Louis

Springfield

- 🔶 1 - Exit 96 - Knights Recreation
- ⬤ Springfield - Drive In Theater
- 🔶 2 - Exit 93 - Chatham
- 🔶 3 - Turn Left - Ostermeier Rd
- ⬤ Glenarm - Covered Bridge
- 🔶 4 - Turn Right - Snell Rd
- ⬤ Auburn - Old Brick Road
- 🔶 5 - Exit 80 - Divernon
- ⬤ Waggoner - Our Lady
- ⬤ Litchfield, - Ariston Cafe
- ⬤ Mt Olive - Soulsby Station
- ⬤ Staunton - Rabbit Ranch
- ⬤ Granite City - Luna Cafe

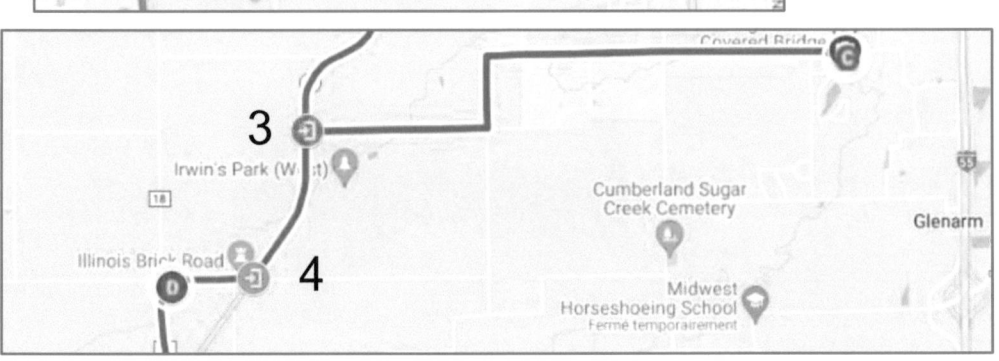

Miles	Cumul	Km	Cumul	Repère	City	POI	Address	GPS
1,9	212,5	3	340	A	Springfield	Cosy Dog Drive Inn	2935 S 6th St, Springfield, IL 62703, United States	39.76239, -89.64883
4,4	216,9	7	347	B	Springfield	Route 66 Drive In Theater	1700 Knights Recreation Dr, Springfield, IL 62711, United States	39.74033, -89.6791
10,6	227,5	17	364	C	Glenarm	Sugar Creek Covered Bridge	769 Covered Bridge Rd #587, Glenarm, IL 62536, United States	39.64041, -89.6625
6,3	233,8	10	374	D	Chatham	Snell Road	5435 Snell Rd, Auburn, IL 62615, United States	39.61796, -89.74831
26,9	260,6	43	417	E	Waggoner	Shrine of Our Lady of the Highways	22353 W Frontage Rd, Raymond, IL 62560, United States	39.3329, -89.64332
11,9	272,5	19	436	F	Litchfield	Ariston Cafe	413 Old Rte 66 N, Litchfield, IL 62056, United States	39.1775, -89.66703
8,8	281,3	14	450	G	Mount Olive	Soulsby Service Station	710 W 1st S St, Mt Olive, IL 62069, United States	39.07111, -89.7354
5,6	286,9	9	459	H	Staunton	Henry's Rabbit Ranch	1107 Historic Rte 66, Staunton, IL 62088, United States	39.00437, -89.78188
27,5	314,4	44	503	I	Granite city	Luna Cafe	201 E Chain of Rocks Rd, Granite City, IL 62040, United States	38.76192, -90.0888

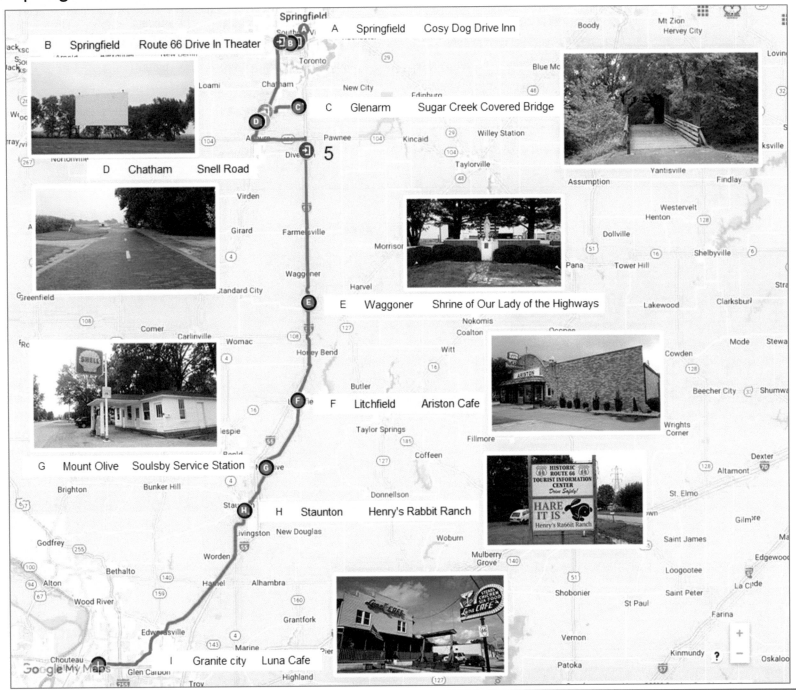

A   Springfield   Cosy Dog Drive Inn

B   Springfield   Route 66 Drive In Theater

C   Glenarm   Sugar Creek Covered Bridge

D   Chatham   Snell Road

E   Waggoner   Shrine of Our Lady of the Highways

F   Litchfield   Ariston Cafe

G   Mount Olive   Soulsby Service Station

H   Staunton   Henry's Rabbit Ranch

I   Granite city   Luna Cafe

Partie 1 : St Louis - Stanton

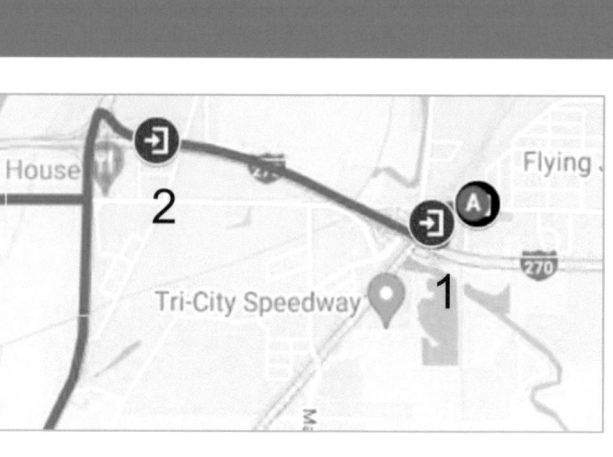

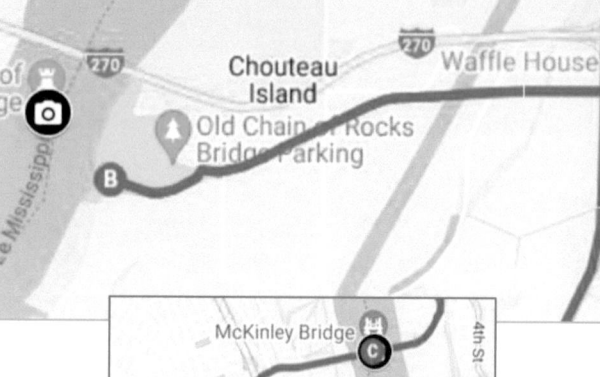

- Granite City - Luna Cafe
- 1 - Exit 4 - Historic route
- 2 - Exit 3 - Granite city - left
- St Louis - Chain Rocks Bridge
- St Louis - McKinley Bridge
- St Louis - Arch
- Eureka - State Park Visitors
- 3 - Exit 261 - then left
- St Clair - Cold and Hot tower
- Stanton - J. James Museum

Miles	Cumul	Km	Cumul	Repère	City	POI	Address	GPS
0,0	0,0	0	0	A	Granite city	Luna Cafe	201 E Chain of Rocks Rd, Granite City, IL 62040, United States	38.76192, -90.0888
5,6	5,6	9	9	B	St Louis	Chain of Rocks Bridge	10820 Riverview Dr, St. Louis, MO 63137,United States	38.76046, -90.1761
10,6	16,3	17	26	C	St Louis	McKinley Bridge	Saint-Louis, Missouri 63147,United States	38.66498, -90.18312
3,8	20,0	6	32	D	St Louis	St Louis - Arch	Downtown, Missouri 63102,United States	38.62485, -90.18491
25,6	45,6	41	73	E	Eureka	State Park Visitors Center	96 N Outer Rd, Eureka, MO 63025,United States	38.50573, -90.59088
32,5	78,1	52	125	F	Saint Clair	Cold and hot Water Towers	225 industrial park, St Clair, United States	38.35511, -90.9897
10,0	88,1	16	141	G	Stanton	Jesse James Wax Museum	I-44, Stanton, MO 63079,United States	38.27273, -91.10722

Partie 1 : St Louis - Stanton

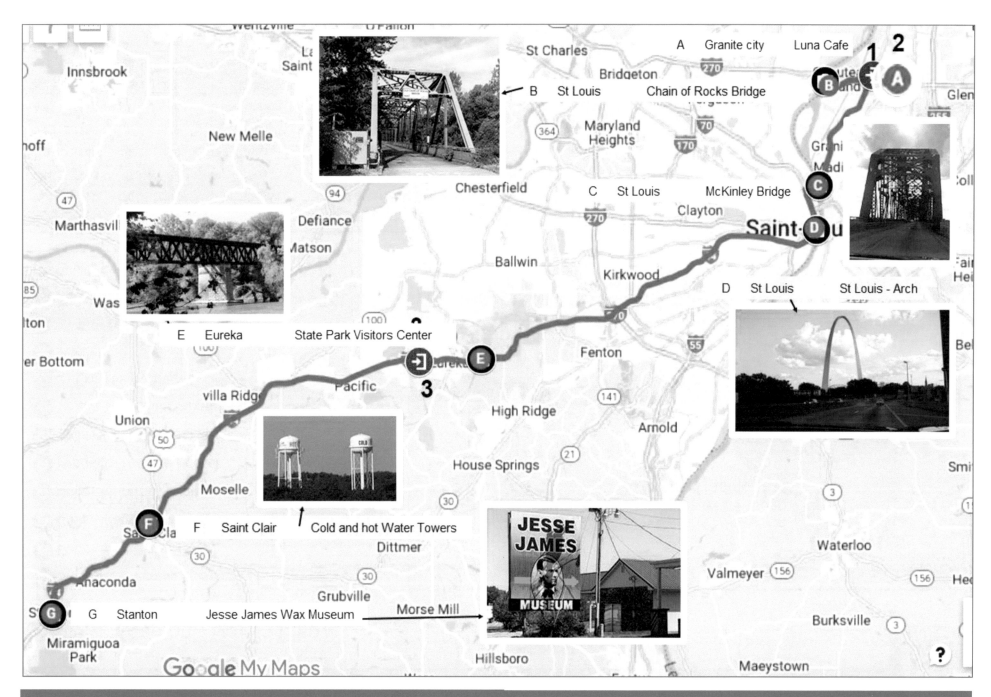

A	Granite city	Luna Cafe
B	St Louis	Chain of Rocks Bridge
C	St Louis	McKinley Bridge
D	St Louis	St Louis - Arch
E	Eureka	State Park Visitors Center
F	Saint Clair	Cold and hot Water Towers
G	Stanton	Jesse James Wax Museum	Morse Mill

Partie 2 : Stanton - Devil's Elbow

- ⊙ Stanton - J. James Museum
- ◉ Cuba - Hick Barbeque
- ◉ Cuba - Wagon Wheel Motel
- ◉ Cuba - Murals of Cuba
- ◉ Fanning - The Red Rocker
- ◉ Rolla - Totem Trading Post
- ⊡ 1 - Exit 184 - Enter -Springfield
- ⊡ 2 - Exit 169 - J then Z
- ◉ Hooker Cut
- ⊡ 3 - Turn Left - Historic Route
- ◉ Devil's Elbow - Inn
- ◉ Devil's Elbow - Bridge

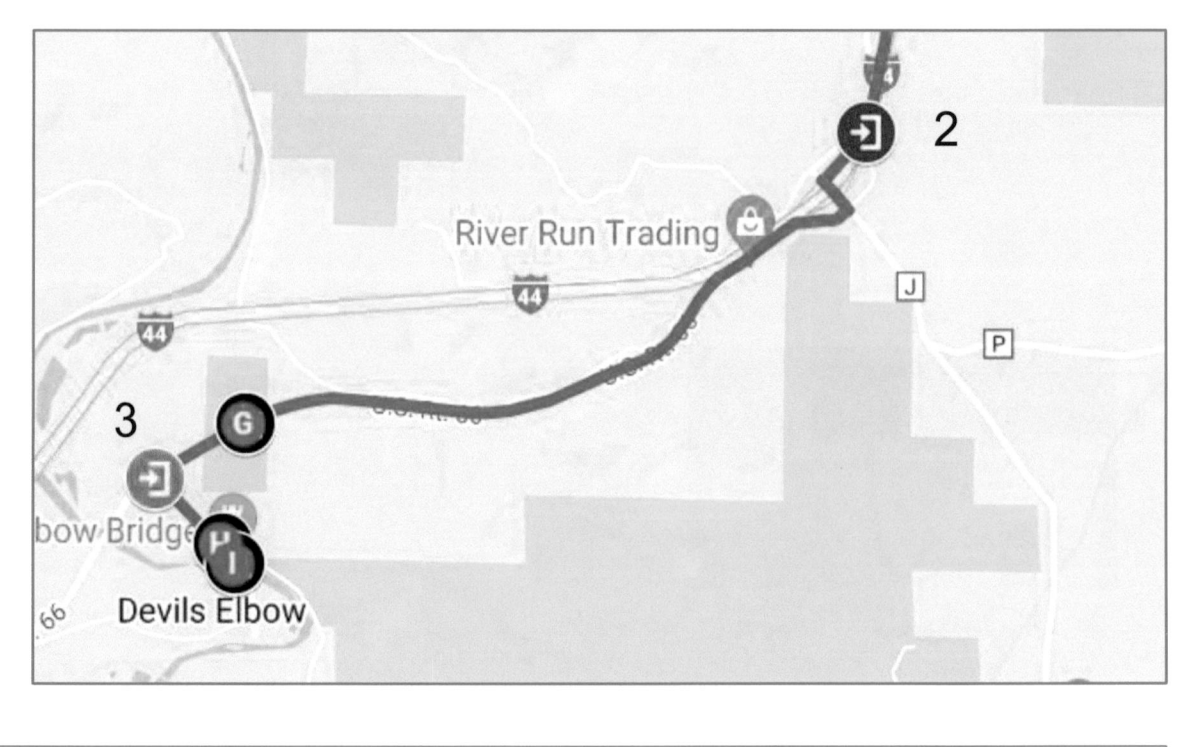

Miles	Cumul	Km	Cumul	Repère	City	POI	Address	GPS
10,0	88,1	16	141	A	Stanton	Jesse James Wax Museum	I-44, Stanton, MO 63079,United States	38.27273, -91.10722
23,1	111,3	37	178	B	Cuba	Hick Barbecue	913 E Washington Blvd, Cuba, MO 65453,United States	38.0648, -91.39506
0,0	111,3	0	178	C	Cuba	Wagon wheel Motel	901 E Washington St, Cuba, MO 65453,United States	38.06466, -91.3961
0,6	111,9	1	179	D	Cuba	Mural	506 W Washington St, Cuba, MO 65453,United States	38.06175, -91.40656
4,4	116,3	7	186	E	Fanning	Giant Rocking Chair	5957 State Hwy ZZ, Cuba, MO 65453,United States	38.03753, -91.46963
20,6	136,9	33	219	F	Rolla	Totem Pole Trading Post	1413 Martin Springs Dr, Rolla, MO 65401,United States	37.94226, -91.79267
18,8	155,6	30	249	G	Hooker	Hooker Cut	Route 66	37.85598, -92.06168
0,6	156,3	1	250	H	Devil's Elbow	Devil's Elbow Inn	21050 Teardrop Rd, Devils Elbow, MO 65457,United States	37.84945, -92.0632
0,0	156,3	0	250	I	Devil's Elbow	Devil's Elbow Bridge	Big Piney River, Missouri, Devils Elbow, MO 65457, Usa	37.8484, -92.06233

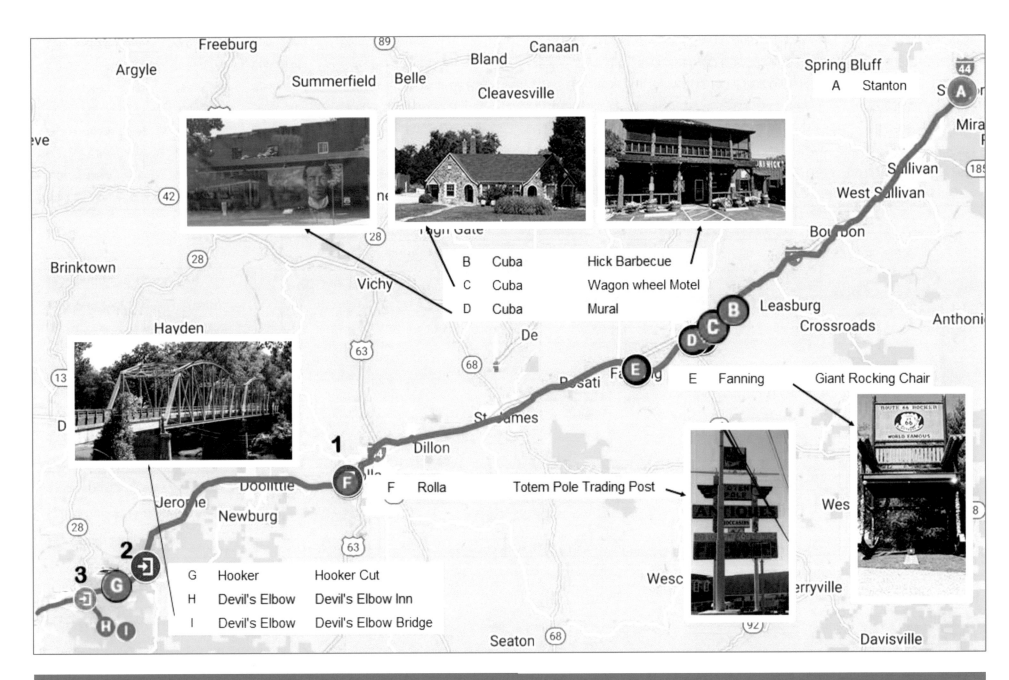

A   Stanton

B   Cuba   Hick Barbecue

C   Cuba   Wagon wheel Motel

D   Cuba   Mural

E   Fanning   Giant Rocking Chair

F   Rolla   Totem Pole Trading Post

G   Hooker   Hooker Cut

H   Devil's Elbow   Devil's Elbow Inn

I   Devil's Elbow   Devil's Elbow Bridge

Partie 3 : Devil's Elbow - Springfield

- Devil's Elbow Bridge
- St Robert - Uranus Center
- 1 - Turn Left - R 17
- Richland - Gasconade Bridge
- 2 - Turn Right - Rd F
- Lebanon - Munger-Moss Motel
- Springfield - Best Western
- Springfield - Giant Food Chef
- Springfield - Steak 'n Shake
- Springfield - Gillioz Theatre
- Springfield - Bud's Tire

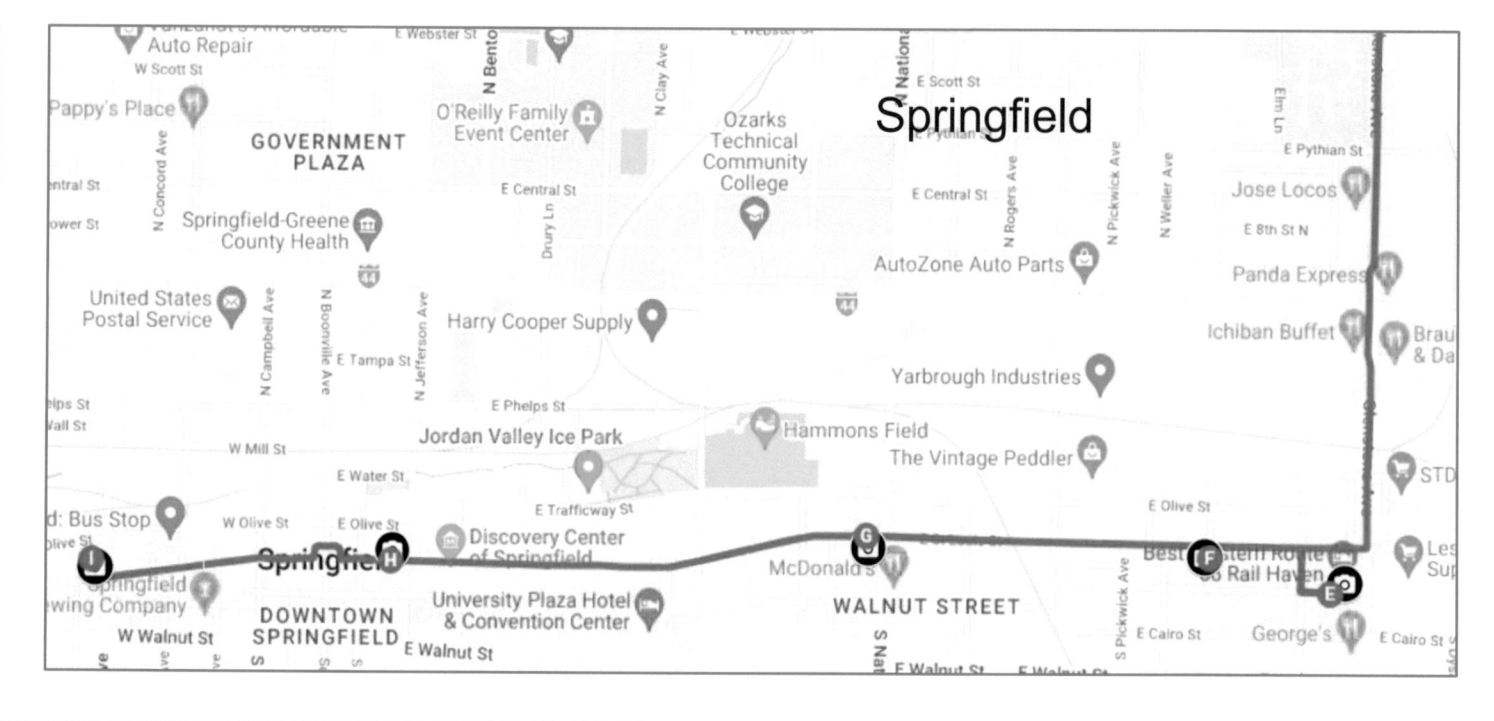

Miles	Cumul	Km	Cumul	Repère	City	POI	Address	GPS
0,0	156,3	0	250	A	Devil's Elbow	Devil's Elbow Bridge	Big Piney River, Missouri, Devils Elbow, MO 65457, Usa	37.8484, -92.06233
3,1	159,4	5	255	B	St Robert	Uranus Center	14400 State Hwy Z, St Robert, MO 65584, United States	37.82916, -92.10511
21,3	180,6	34	289	C	Richland	Gasconade Bridge	U.S. Rt. 66, Richland, MO 65556, United States	37.75933, -92.45168
13,1	193,8	21	310	D	Lebanon -	Munger Moss Motel	1336 U.S. Rte 66, Lebanon, MO 65536,United States	37.68602, -92.63971
55,0	248,8	88	398	E	Springfield	Best Western route 66 Rail Haven	203 S Glenstone Ave, Springfield, MO 65802,United States	37.20873, -93.2625
0,6	249,4	1	399	F	Springfield	Giant Food Truck Chef	1530 E St Louis St, Springfield, MO 65802,United States	37.20909, -93.26662
0,6	250,0	1	400	G	Springfield	Steak n shake	1158 E St Louis St, Springfield, MO 65806,United States	37.20929, -93.27639
0,6	250,6	1	401	H	Springfield	Gillioz Theatre	325 Park Central E, Springfield, MO 65806,United States	37.20919, -93.29039
0,6	251,3	1	402	I	Springfield	Bud's Tire Wheel	701 W College St, Springfield, MO 65806,United States	37.20875, -93.29912

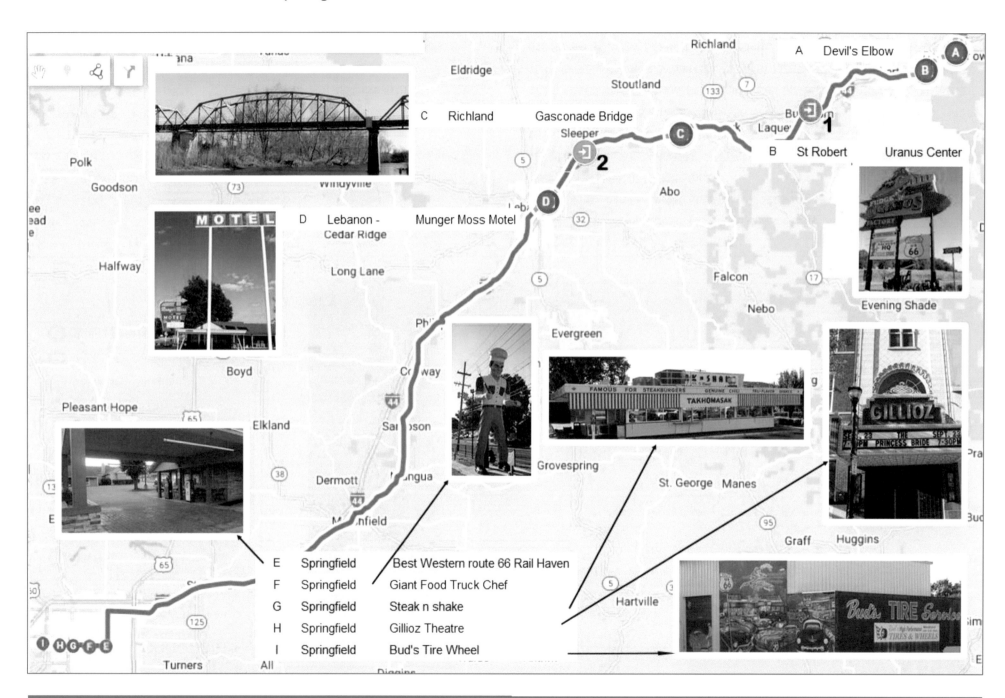

A Devil's Elbow

B St Robert   Uranus Center

C Richland   Gasconade Bridge

D Lebanon - Cedar Ridge   Munger Moss Motel

E Springfield   Best Western route 66 Rail Haven

F Springfield   Giant Food Truck Chef

G Springfield   Steak n shake

H Springfield   Gillioz Theatre

I Springfield   Bud's Tire Wheel

ROUTE 66

MISSOURI

HISTORIC
MISSOURI
US 66
ROUTE

Partie 4 : Springfield - Joplin

- Ash Grove - Gary Gay Parita
- 1 - Turn Right
- Miller - Johnson Creek Bridge
- Miller Historic Gas Station
- Avilla - Mural
- Carthage - Boots Motel
- Carthage - 66 Drive-In
- Webb City - Murals
- Joplin - Route 66 Mural Park
- Galena - Enter Kansas

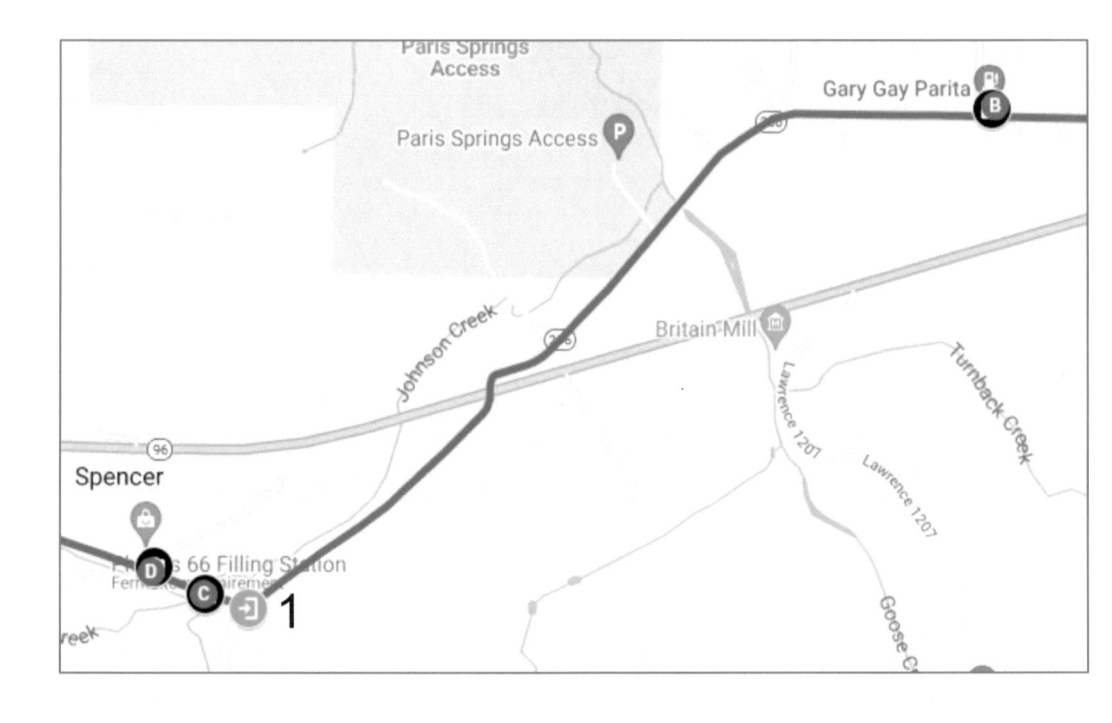

Miles	Cumul	Km	Cumul	Repère	City	POI	Address	GPS
0,6	251,3	1	402	A	Springfield	Bud's Tire Wheel	701 W College St, Springfield, MO 65806,United States	37.20875, -93.29912
22,5	273,8	36	438	B	Ash Grove	Gay Parita Station	21118 Old 66, Ash Grove, MO 65604,United States	37.19448, -93.67886
1,9	275,6	3	441	C	Miller	Johnson Creek Bridge	Miller, Missouri 65707,United States	37.18401, -93.70131
0,0	275,6	0	441	D	Miller	Phillips 66 Filling Station	19720 Lawrence 2062, Miller, MO 65707,United States	37.18504, -93.70292
23,1	298,8	37	478	E	Avilla	Mural	1915 Lamar St, Reeds, MO 64859,United States	37.1954, -94.12983
10,6	309,4	17	495	F	Carthage	Boots Court Motel	107 S Garrison Ave, Carthage, MO 64836,United States	37.17833, -94.3142
3,1	312,5	5	500	G	Carthage	66 Drive-In	17231 Old 66 Blvd, Carthage, MO 64836,United States	37.1744, -94.36886
6,9	319,4	11	511	H	Webb city	Mural	153-119 E Broadway St, Webb City, MO 64870,United States	37.14659, -94.4628
6,3	325,6	10	521	I	Joplin	Route 66 Mural Park	619 S Main St, Joplin, MO 64801,United States	37.08466, -94.51347
5,6	331,3	9	530	J	Galena	Enter Kansas	US Rte 66	37.07902, -94.61787

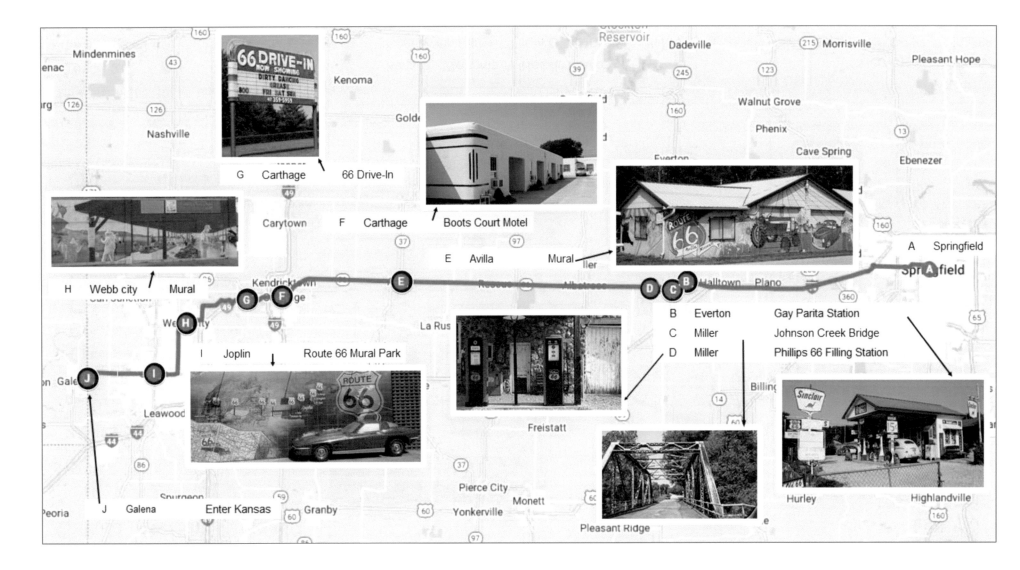

G   Carthage   66 Drive-In

F   Carthage   Boots Court Motel

E   Avilla   Mural

A   Springfield

H   Webb city   Mural

B   Everton   Gay Parita Station
C   Miller   Johnson Creek Bridge
D   Miller   Phillips 66 Filling Station

I   Joplin   Route 66 Mural Park

J   Galena   Enter Kansas

Galena - Baxter Springs

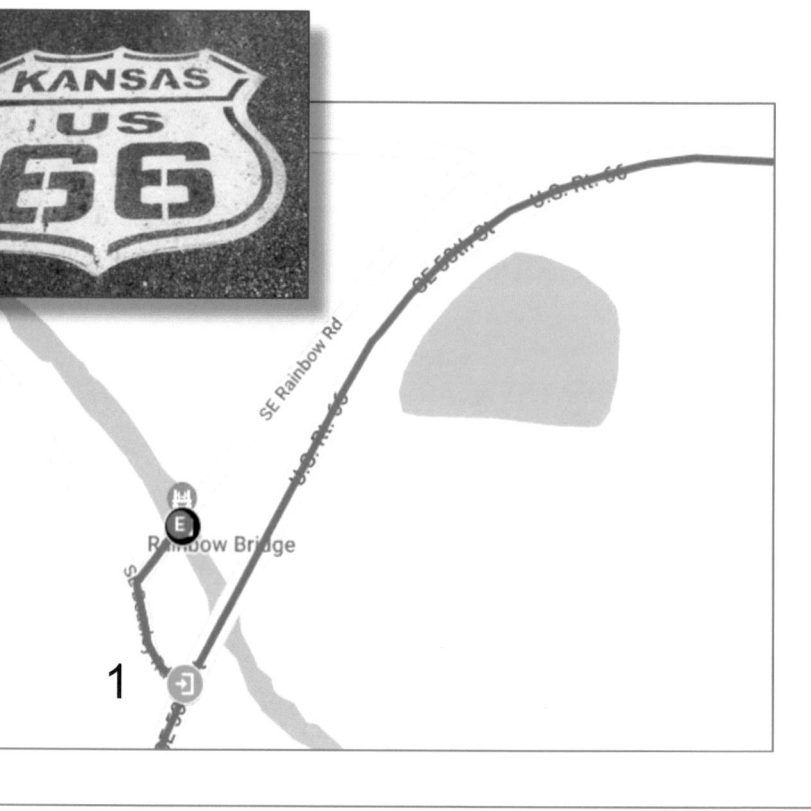

Miles	Cumul	Km	Cumul	Repère	City	POI	Address	GPS
0,0	0,0	0	0	A	Galena	Kansas - Welcome	Historic Route 66	37.07902, -94.61794
1,9	1,9	3	3	B	Galena	Cars on the Route	Kan-O-Tex Station, 119 N Main St, Galena, KS 66739, Usa	37.08037, -94.63888
0,6	2,5	1	4	C	Galena	HistoricAutomobile	205 Front St, Galena, KS 66739, United States	37.08092, -94.63756
4,4	6,9	7	11	D	Riverton	Route 66 Sign	6494 U.S. Rt. 66, Riverton, KS 66770, United States	37.07562, -94.71682
1,9	8,8	3	14	E	Baxter Springs	Marsh Arch Bridge	SE Beasley Rd, Baxter Springs, KS 66713, United States	37.07346, -94.74081
3,8	12,5	6	20	F	Baxter Springs	Phillips 66 Station	940 Military Ave, Baxter Springs, KS 66713, United States	37.02589, -94.7348
1,9	14,4	3	23	G	Baxter Springs	Oklahoma - Welcome	1050 US-69 ALT, Baxter Springs, KS 66713,United States	36.99861, -94.74078

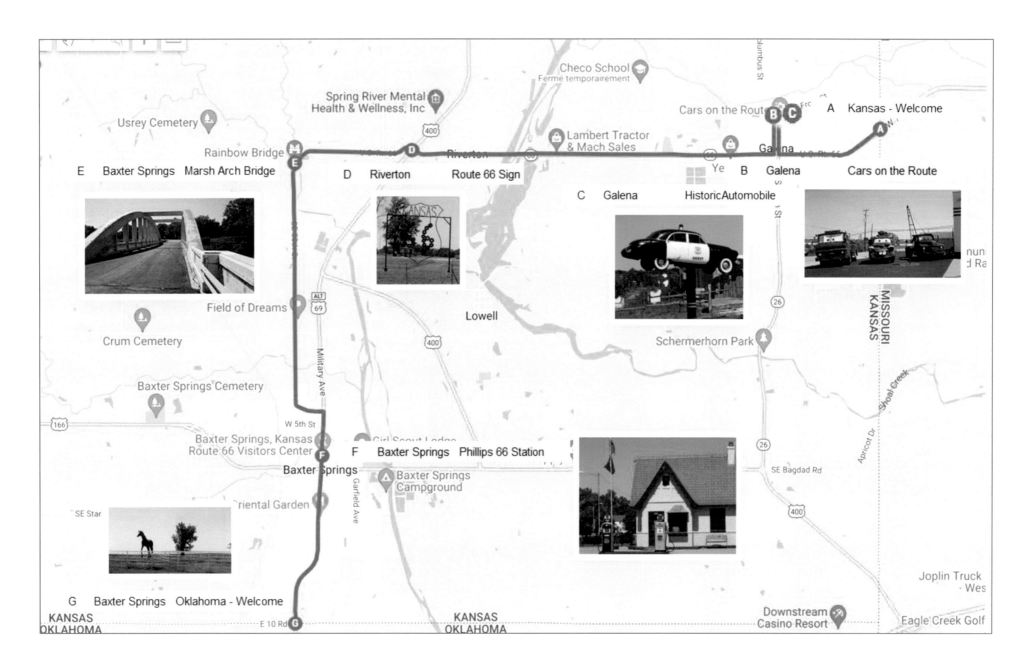

A   Kansas - Welcome

B   Galena   Cars on the Route

C   Galena   HistoricAutomobile

D   Riverton   Route 66 Sign

E   Baxter Springs   Marsh Arch Bridge

F   Baxter Springs   Phillips 66 Station

G   Baxter Springs   Oklahoma - Welcome

Partie 1 : Quapaw - Miami

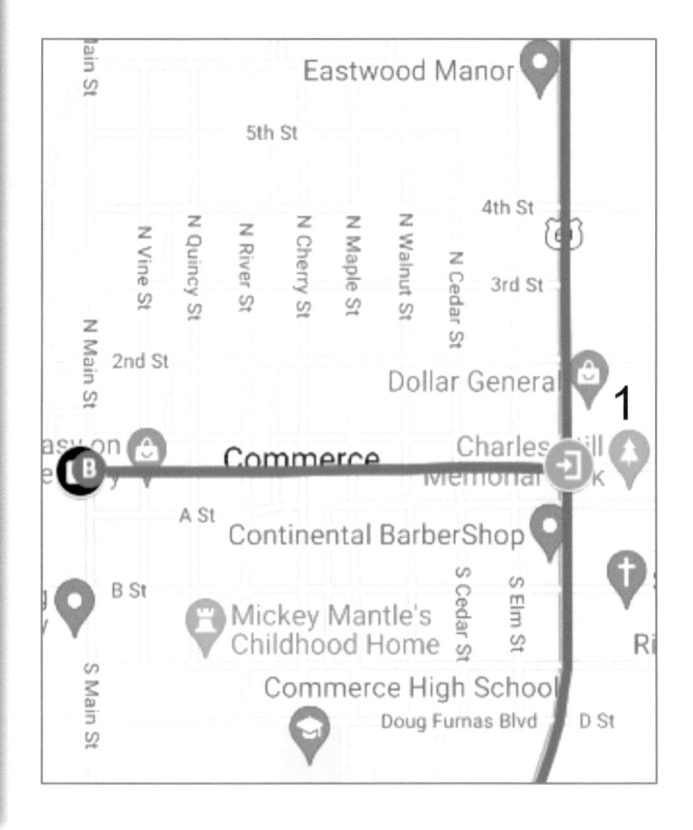

- Oklahoma - Welcome
- 1 - Turn Right - Commerce Ave
- Commerce - Dairy King
- Miami - Waylans Kuku
- Miami - Coleman Theatre
- Miami - Ribbon Road/Sidewalk

Miles	Cumul	Km	Cumul	Repère	City	POI	Address	GPS
0,0	0,0	0	0	A	Quapaw	Oklahoma Welcome	Route 66	36.99872, -94.7407
10,6	10,6	17	17	B	Commerce	Dairy King Cafe	100 N Main St, Commerce, OK 74339, United States	36.93318, -94.87777
3,1	13,8	5	22	C	Miami	Waylan Burger Ku Ku	915 N Main St, Miami, OK 74354, United States	36.88612, -94.87789
0,6	14,4	1	23	D	Miami	Coleman Theatre	103 N Main St, Miami, OK 74354, United States	36.87635, -94.87773
5,6	20,0	9	32	E	Miami	Ribbon Road/Sidewalk	E 140 Rd, Miami, OK 74354, United States	36.8155, -94.92679

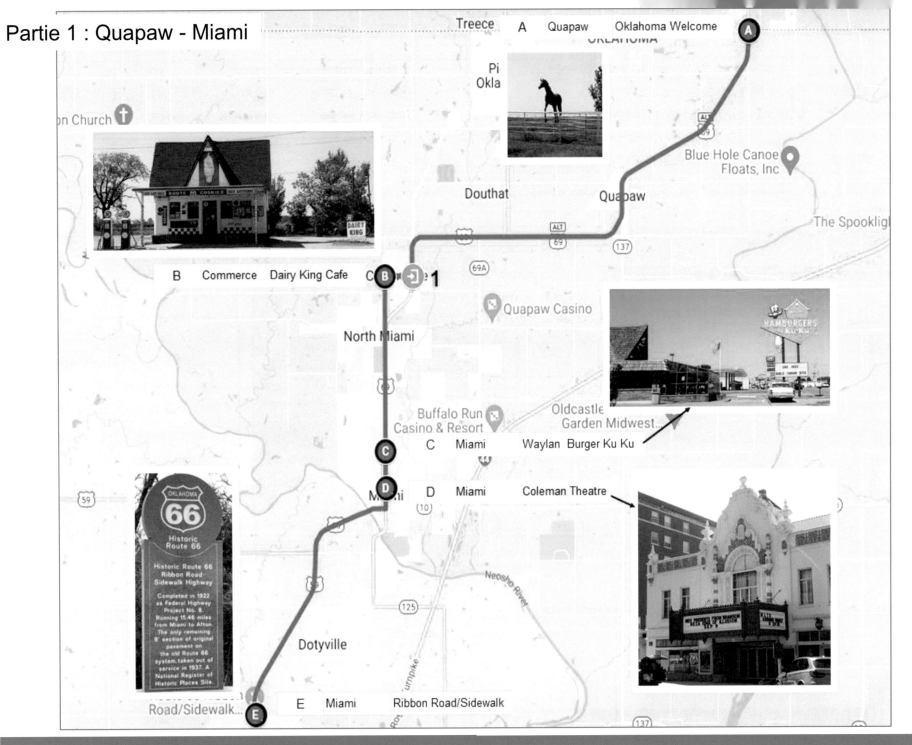

A   Quapaw   Oklahoma Welcome

B   Commerce   Dairy King Cafe

C   Miami   Waylan Burger Ku Ku

D   Miami   Coleman Theatre

E   Miami   Ribbon Road/Sidewalk

Partie 2 : Miami - Catoosa

-  Miami - Sidewalk
- 1 - Turn Right - Vinita
- 2 - Turn Left - Historic Marker
- Chelsea - Pryor Creek Bridge
- Chelsea - Underpass
- 3 - Turn Left - 28 A Totem
- Chelsea - Totem Pole Park
- Catoosa - Blue Whale

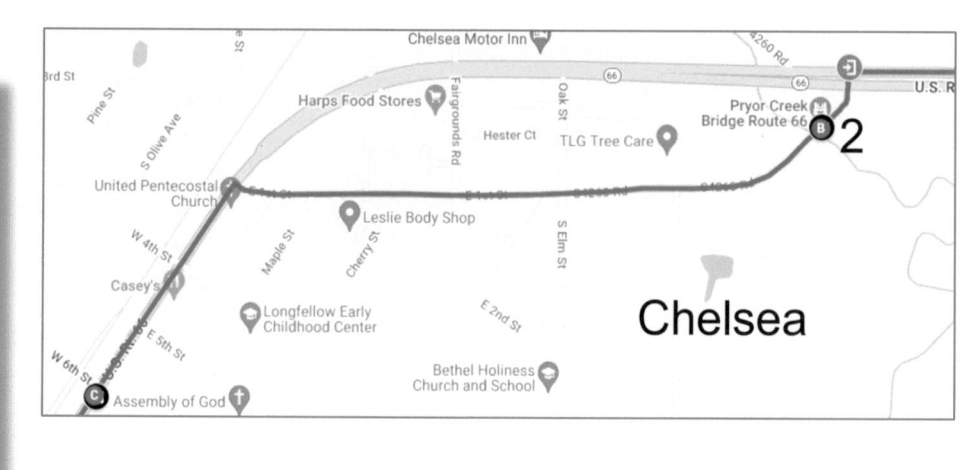

Miles	Cumul	Km	Cumul	Repère	City	POI	Address	GPS
5,6	20,0	9	32	A	Miami	Ribbon Road/Sidewalk	E 140 Rd, Miami, OK 74354, United States	36.8155, -94.92679
41,9	61,9	67	99	B	Chelsea	Pryor Creek Bridge Route 66	58 S4260 Rd, Chelsea, OK 74016, United States	36.53839, -95.41505
1,3	63,1	2	120	C	Chelsea	Chelsea Underpass	Rte 66 Pedestrian Underpass, Chelsea, OK 74016, USA	36.53409, -95.42981
11,9	75,0	19	118	D	Chelsea	Totem Pole Park	21300 OK-28 A, Chelsea, OK 74016, United States	36.43752, -95.4485
25,0	100,0	40	160	E	Catoosa	The Blue Whale	2600 U.S. Rte 66, Catoosa, OK 74015, United States	36.19377, -95.73292

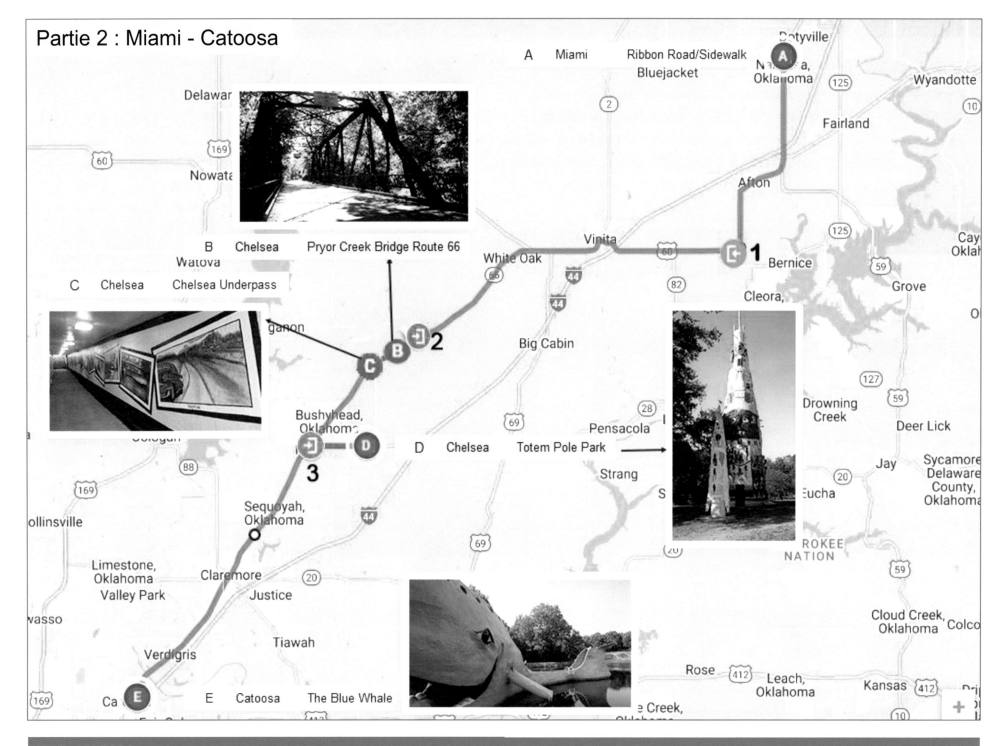

A   Miami   Ribbon Road/Sidewalk
                    Bluejacket

B   Chelsea   Pryor Creek Bridge Route 66

C   Chelsea   Chelsea Underpass

D   Chelsea   Totem Pole Park

E   Catoosa   The Blue Whale

HISTORIC ROUTE

Partie 3 : Catoosa - Sapulpa

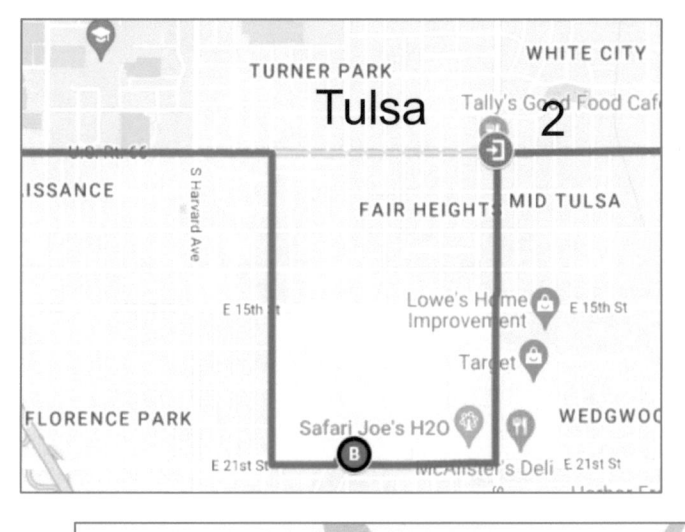

- 📷 Catoosa - Blue whale
- ➡️ 1 - Exit 240 - then - Left
- ➡️ 2 - Turn Left - Yale Ave
- 📷 Tulsa - Golden Driller
- 📷 Tulsa - Buck Atom's Cosmic
- ➡️ 3 - Turn Left - Historic Route
- 📷 Tulsa - Overpass 66
- 📷 Sapulpa - Auto Museum
- ➡️ 4 - Turn Right - Old route
- 📷 Sapulpa - Rock Creek Bridge

Miles	Cumul	Km	Cumul	Repère	City	POI	Address	GPS
25,0	100,0	40	160	A	Catoosa	The Blue Whale	2600 U.S. Rte 66, Catoosa, OK 74015, United States	36.19377, -95.73292
14,4	114,4	23	183	B	Tulsa	Golden Driller	Expo Center, 4145 E 21st St, Tulsa, OK 74114, Usa	36.13377, -95.9311
3,8	118,1	6	189	C	Tulsa	Buck Atom's Cosmic Curios on 66	1347 E 11th St, Tulsa, OK 74120, United States	36.14802, -95.97366
1,9	120,0	3	192	D	Tulsa	Route 66 Overpass	1398 Southwest Blvd, Tulsa, OK 74127, United States	36.14449, -96.00315
15,0	135,0	24	216	E	Sapulpa	Route 66 Auto Museum	13 Sahoma Lake Rd, Sapulpa, OK 74066, United States	35.99606, -96.12972
0,6	135,6	1	217	F	Sapulpa	Rock Creek Bridge	W Ozark Trail, Sapulpa, OK 74066, United States	35.99374, -96.13656

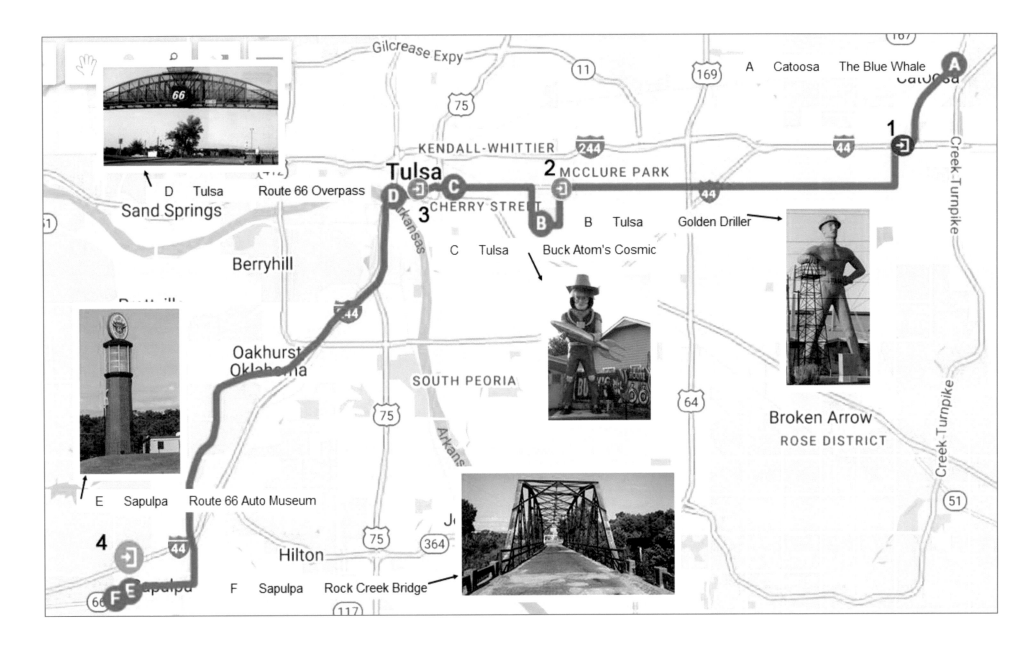

A   Catoosa   The Blue Whale

D   Tulsa   Route 66 Overpass

2   MCCLURE PARK

B   Tulsa   Golden Driller

C   Tulsa   Buck Atom's Cosmic

E   Sapulpa   Route 66 Auto Museum

F   Sapulpa   Rock Creek Bridge

Partie 4 : Sapulpa - Chandler

- 📷 Sapulpa - Rock Creek Bridge
- 📷 Depew - Murals
- 📷 Stroud - Rock Cafe
- 📷 Stroud - Skyliner Motel
- 📷 Davenport - Welcome Mural
- ➡ 1 - Turn Right
- 📷 Chandler - Mc Jerry Gallery
- 📷 Chandler - Gas Station

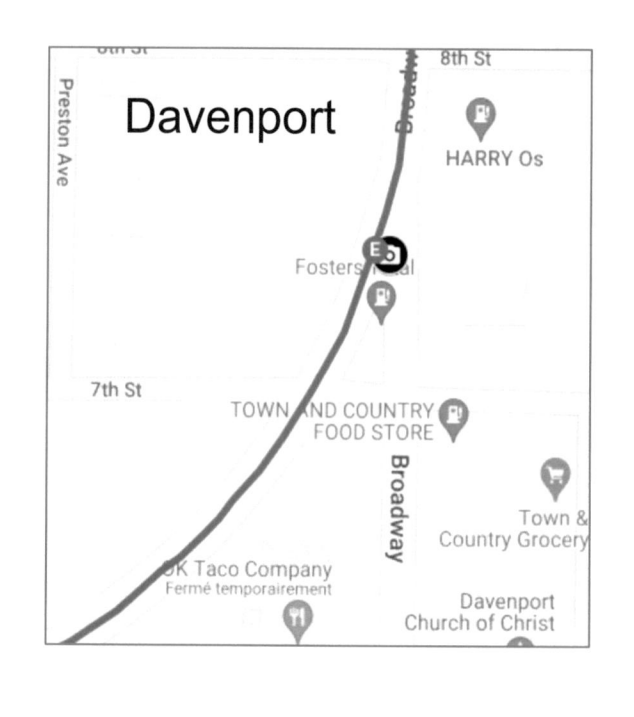

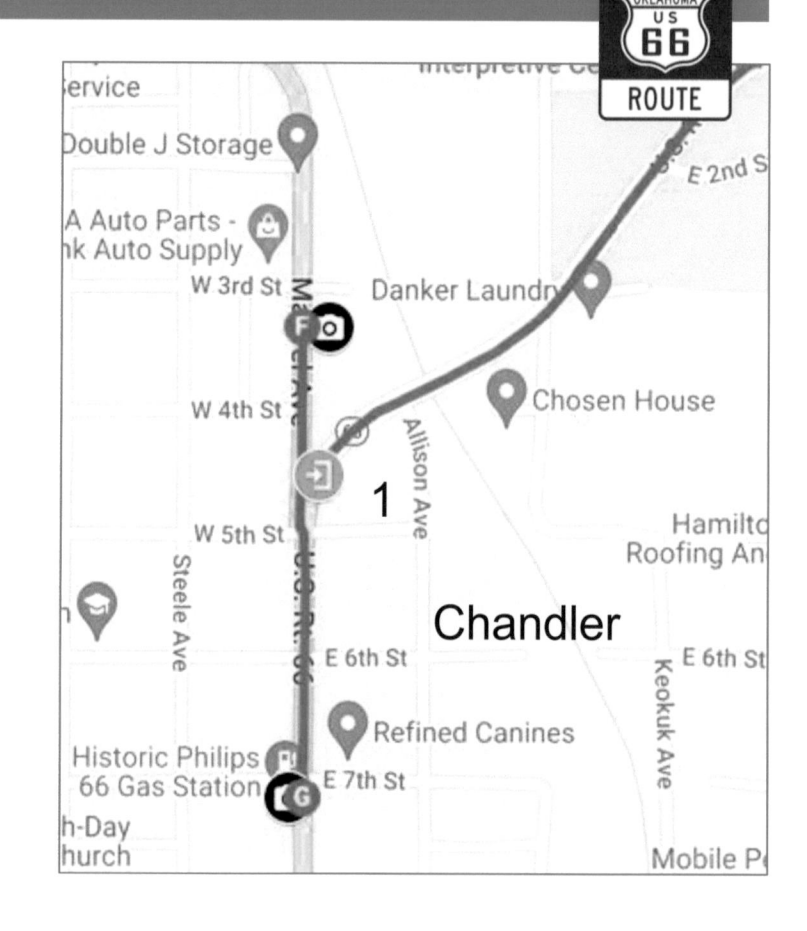

Miles	Cumul	Km	Cumul	Repère	City	POI	Address	GPS
0,6	135,6	1	217	A	Sapulpa	Rock Creek Bridge	W Ozark Trail, Sapulpa, OK 74066, United States	35.99374, -96.13656
28,8	164,4	46	263	B	Depew	Murals - Main street	Depew, Oklahoma 74028, United States	35.80284, -96.50612
10,6	175,0	17	280	C	Stroud	Rock Cafe	114 W Main St, Stroud, OK 74079, United States	35.74879, -96.6545
0,6	175,6	1	281	D	Stroud	Skyliner Motel	717 W Main St, Stroud, OK 74079, United States	35.74942, -96.66221
6,9	182,5	11	292	E	Davenport	Mural Welcome	720 Broadway, Davenport, OK 74026, United States	35.71101, -96.76509
6,9	189,4	11	303	F	Chandler	McJerry's Route 66 Gallery	306 Manvel Ave, Chandler, OK 74834, United States	35.70746, -96.8805
0,6	190,0	1	304	G	Chandler	Phillips 66 Gas Station	701 Manvel Ave, Chandler, OK 74834, United States	35.70351, -96.88096

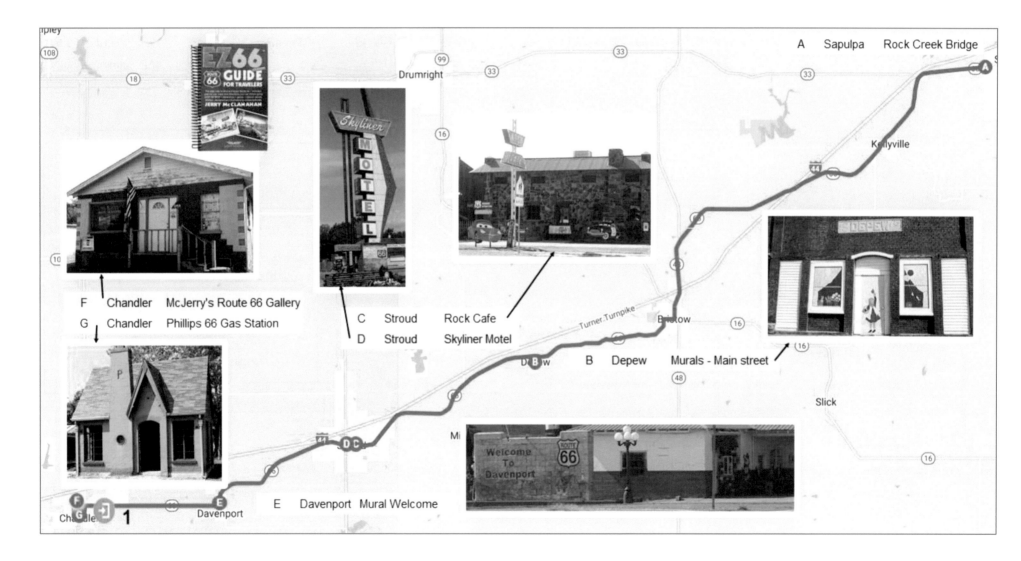

A   Sapulpa   Rock Creek Bridge

F   Chandler   McJerry's Route 66 Gallery
G   Chandler   Phillips 66 Gas Station

C   Stroud   Rock Cafe
D   Stroud   Skyliner Motel

B   Depew   Murals - Main street

E   Davenport Mural Welcome

HISTORIC
ROUTE

Partie 5 : Chandler - Oklahoma City

Chandler - 66 Gas Station

1 - Turn Right - Route 66

Warwick - Seaba Station

Luther - Historic Gas Station

Arcadia - Round Barn

Arcadia - Pops 66

2 - Turn Left - OKC Downtown

Ok City - Cowboy Museum

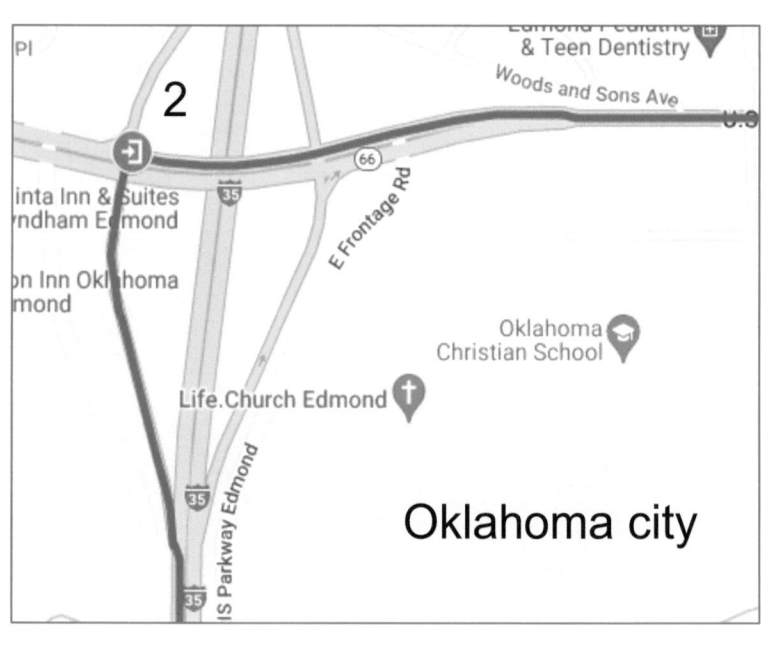

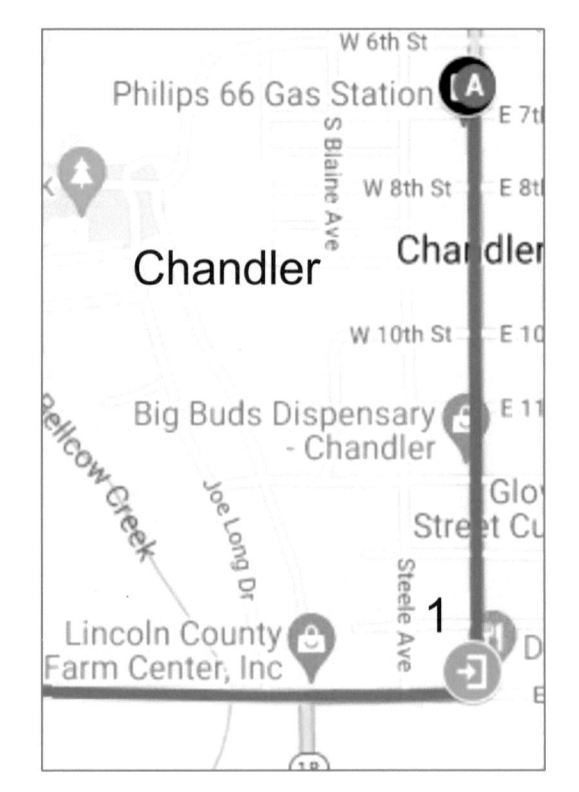

Miles	Cumul	Km	Cumul	Repère	City	POI	Address	GPS
0,6	190,0	1	304	A	Chandler	Phillips 66 Gas Station	701 Manvel Ave, Chandler, OK 74834, United States	35.70351, -96.88096
7,5	197,5	12	316	B	Warwick	Chandler- Seaba 's Museum Moto	336992 E Highway 66 Chandler OK 74934 , Usa	35.68651, -97.00024
16,3	213,8	26	342	C	Luther	Route 66 Gas Station	Luther, Oklahoma 73054, United States	35.66016, -97.2738
3,1	216,9	5	347	D	Arcadia	Round Barn	107 OK-66, Arcadia, OK 73007, United States	35.66237, -97.32596
0,6	217,5	1	348	E	Arcadia	Pops 66	660 U.S. Rte 66, Arcadia, OK 73007, United States	35.65827, -97.33547
15,0	232,5	24	372	F	Oklahoma City	Cowboy Museum	1700 NE 63rd St, Oklahoma City, OK 73111, United States	35.53571, -97.48334

A   Chandler   Phillips 66 Gas Station

Wellston

B   Warwick   Chandler- Seaba 's Museum Moto

C   Luther   Route 66 Gas Station

E   Arcadia   Pops 66

D   Arcadia   Round Barn

Rossville

F   Oklahoma City   Cowboy Museum

Partie 6 : Oklahoma City - Hinton

OkC - Cowboy Museum
1 - Turn Right - 44 West
2 - Exit 128 A - Lincoln Bvld
OKC - Tower Theatre
OkC - Milk Bottle
3 - Turn Left - 44 West
Reno - Route 66 Sign
Geary - Pony Bridge

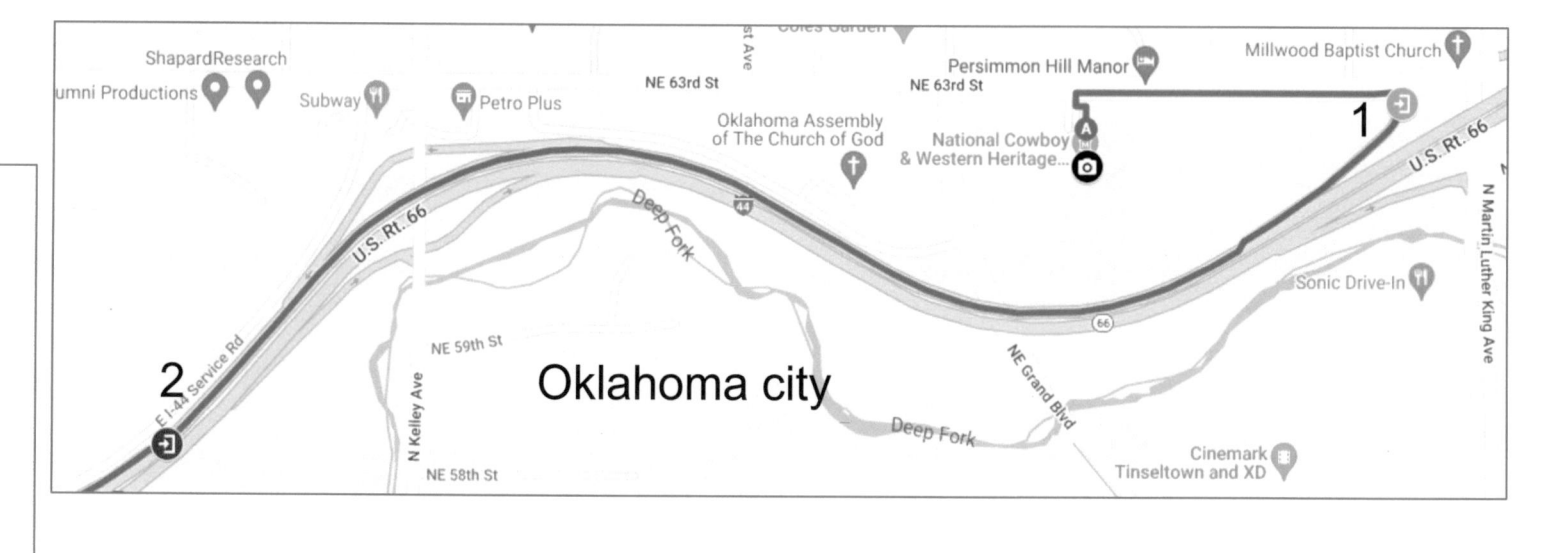

Miles	Cumul	Km	Cumul	Repère	City	POI	Address	GPS
15,0	232,5	24	372	A	Oklahoma City	Cowboy Museum	1700 NE 63rd St, Oklahoma City, OK 73111, United States	35.53571, -97.48334
5,6	238,1	9	381	B	Oklahoma City	Tower Theatre	425 NW 23rd St, Oklahoma City, OK 73103, United States	35.49344, -97.52013
0,6	238,8	1	382	C	Oklahoma City	Milk Bottle Grocery	2426 N Classen Blvd, Oklahoma City, OK 73106, Usa	35.49419, -97.53215
26,3	265,0	42	424	D	Reno	Route 66 Reno sign	El Reno, Oklahoma 73036, United States	35.53161, -97.95465
21,9	286,9	35	459	E	Hinton	Pony Bridge	Hinton, Oklahoma, United States	35.54195, -98.32013

Partie 6 : Oklahoma City - Hinton

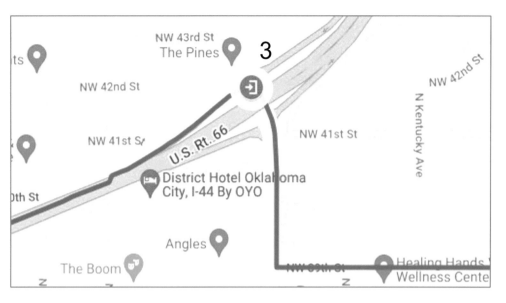

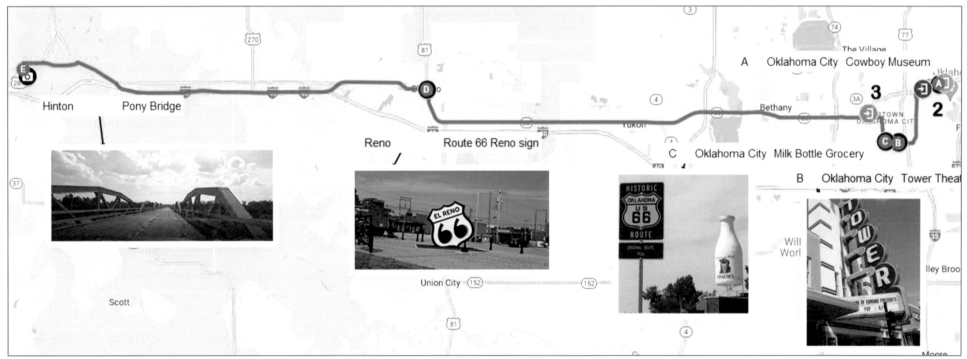

Partie 7 : Hinton - Clinton

- 📷 Hinton - Pony Bridge
- 📷 Hydro - Lucille's Gas Station
- 🔃 1 - Turn Left - Main St
- 🔃 2 - Turn Left - R 54
- 🔃 3 - Turn Left - then Right
- 📷 Clinton - The Glancy Motel
- 📷 Clinton - Oklahoma Museum
- 📷 Clinton - Trade Winds Inn

Miles	Cumul	Km	Cumul	Repère	City	POI	Address	GPS
21,9	286,9	35	459	A	Hinton	Pony Bridge	Hinton, Oklahoma, United States	35.54195, -98.32013
13,8	300,6	22	481	B	Hydro	Lucille's Service Station	U.S. Rte 66, Hydro, OK 73048, United States	35.53699, -98.58838
21,9	322,5	35	516	C	Clinton	The Glancy Motel	217 W Gary Blvd, Clinton, OK 73601, United States	35.51584, -98.96291
1,9	324,4	3	519	D	Clinton	Oklahoma Route 66 Museum	2229 W Gary Blvd, Clinton, OK 73601, United States	35.50636, -98.98691
0,6	325,0	1	520	E	Clinton	Trade Winds Inn	2128 W Gary Blvd, Clinton, OK 73601, United States	35.50643, -98.98535

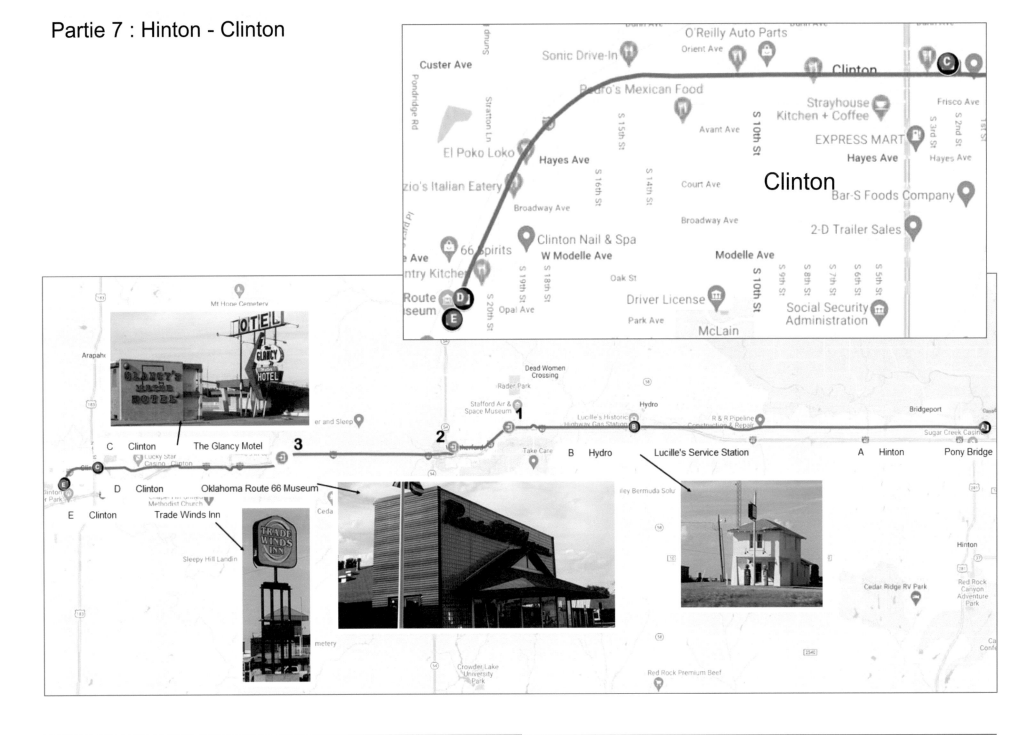

Clinton

C   Clinton   The Glancy Motel
D   Clinton   Oklahoma Route 66 Museum
E   Clinton   Trade Winds Inn

3

2

1

B   Hydro   Lucille's Service Station

A   Hinton   Pony Bridge

Partie 8 : Clinton - Texola - Texas

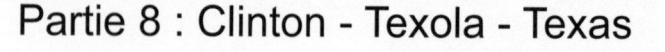

-  Clinton - Trade Winds Inn
- 1 - Exit 57
- 2 - Turn Left - Right Canute
- Canute - Cotton Boll Motel
- 3 - Turn Right over Us Rte
- Elk City - Parker Drilling Co
- Elk City - Transport Museum
- Sayre - Western Motel
- Sayre - County Court House
- Sayre - Stovall Theatre
- 4 - Turn Right
- Texola - One Room Jail
- Shamtock - Texas Sign

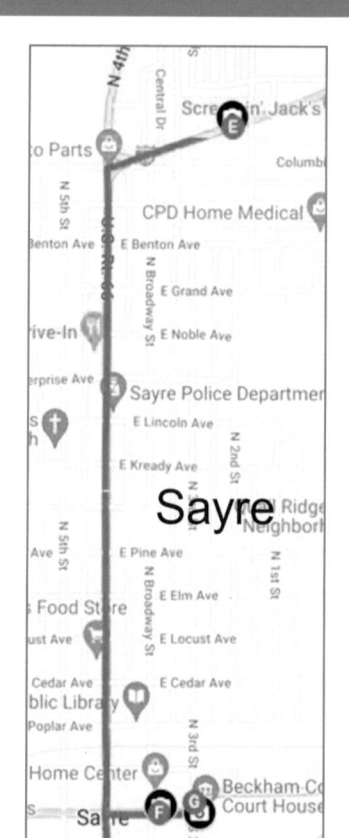

Sayre

3

Miles	Cumul	Km	Cumul	Repère	City	POI	Address	GPS
0,6	325,0	1	520	A	Clinton	Trade Winds Inn	2128 W Gary Blvd, Clinton, OK 73601, United States	35.50643, -98.98535
18,8	343,8	30	550	B	Canute	Cotton Boll Motel	605 Old US Hwy 66, Canute, OK 73626, United States	35.42233, -99.27887
8,1	351,9	13	563	C	Elk City	Parker Drilling Co	151 E State Hwy 66, Elk City, Oklahoma 73644, Usa	35.41206, -99.40384
1,9	353,8	3	566	D	Elk City	Transportation Museum	2717 W 3rd St, Elk City, OK 73644, United States	35.41199, -99.43684
13,8	367,5	22	588	E	Sayre	Western Motel	315 N E Hwy 66, Sayre, OK 73662, United States	35.30887, -99.63612
1,3	368,8	2	590	F	Sayre	Stovall Theatre	210 E Main St, Sayre, OK 73662, United States	35.29144, -99.63829
0,6	369,4	1	591	G	Sayre	Beckham County Court House	104 S 3rd St, Sayre, OK 73662, United States	35.29125, -99.6367
23,1	392,5	37	628	H	Texola	Ghost Town - One Room Jail	Texola, Oklahoma 73668, United States	35.22007, -99.98871
1,3	393,8	2	630	I	Shamrock	Shamrock - Texas Sign	U.S. Rt. 66, Shamrock, TX 79079,United States	35.22719, -100.00097

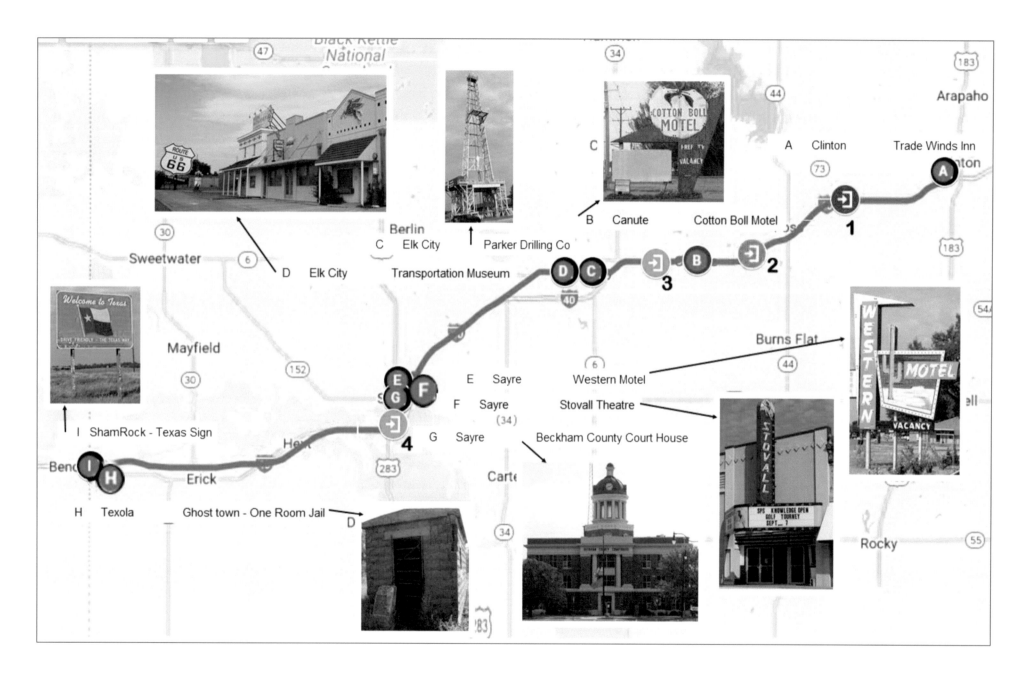

A   Clinton — Trade Winds Inn

B   Canute — Cotton Boll Motel

C   Elk City — Parker Drilling Co

D   Elk City — Transportation Museum

E   Sayre — Western Motel

F   Sayre — Stovall Theatre

G   Sayre — Beckham County Court House

H   Texola — Ghost town - One Room Jail

I   ShamRock - Texas Sign

Partie 1 : Texas Sign - Mc Lean

Welcome to Texas Sign

Shamrock - Tower Station

1 - Exit 146 - Right then Left

Mc Lean - Devil's Rope

Mc Lean - Gas Station

Mc Lean - Cactus Inn

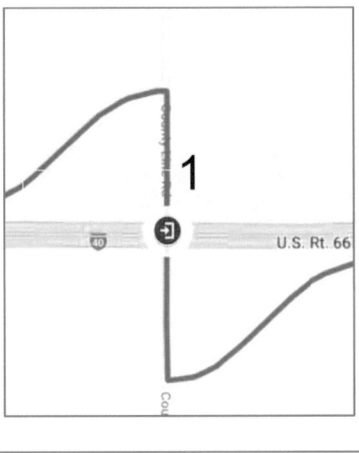

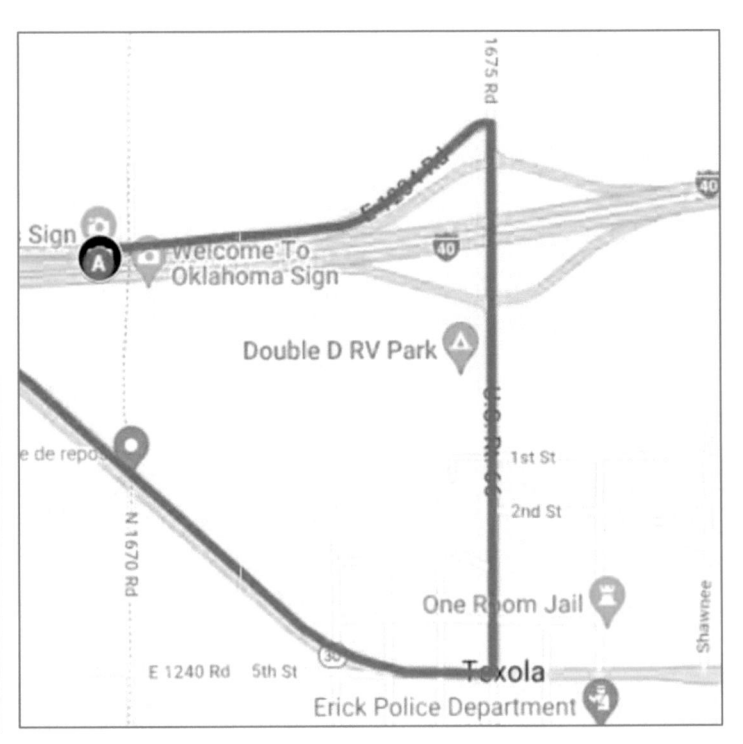

Miles	Cumul	Km	Cumul	Repère	City	POI	Address	GPS
0,0	0,0	0	0	A	Shamrock	Shamrock - Texas Sign	U.S. Rt. 66, Shamrock, TX 79079,United States	35.22719, -100.00097
16,3	16,3	26	26	B	Shamrock	Tower Station U - Drop Inn Cafe	111 U.S. Rte 66, Shamrock, TX 79079, United States	35.22666, -100.24865
20,0	36,3	32	58	C	Mc Lean	Devil's Rope Museum	100 Kingsley St, McLean, TX 79057, United States	35.23145, -100.59734
0,6	36,9	1	59	D	Mc Lean	Route 66 Gas Station	212 First St, McLean, TX 79057, United States	35.23264, -100.60202
0,6	37,5	1	60	E	Mc Lean	Cactus Motel	101 Pine St, McLean, TX 79057, United States	35.23393, -100.608

Partie 1 : Texas Sign - Mc Lean

Mc Lean

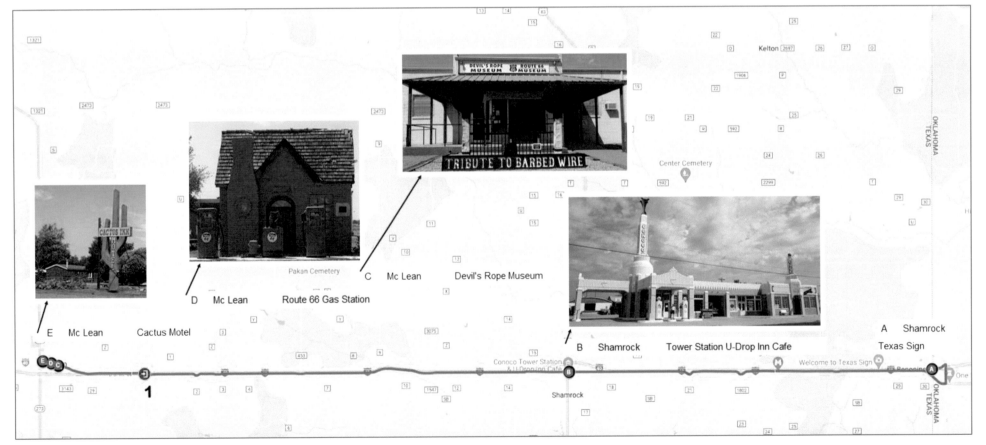

E   Mc Lean   Cactus Motel

D   Mc Lean   Route 66 Gas Station

C   Mc Lean   Devil's Rope Museum

B   Shamrock   Tower Station U-Drop Inn Cafe

A   Shamrock   Texas Sign

HISTORIC
TEXAS
US
66
ROUTE

Partie 2 : Mc Lean - Conway

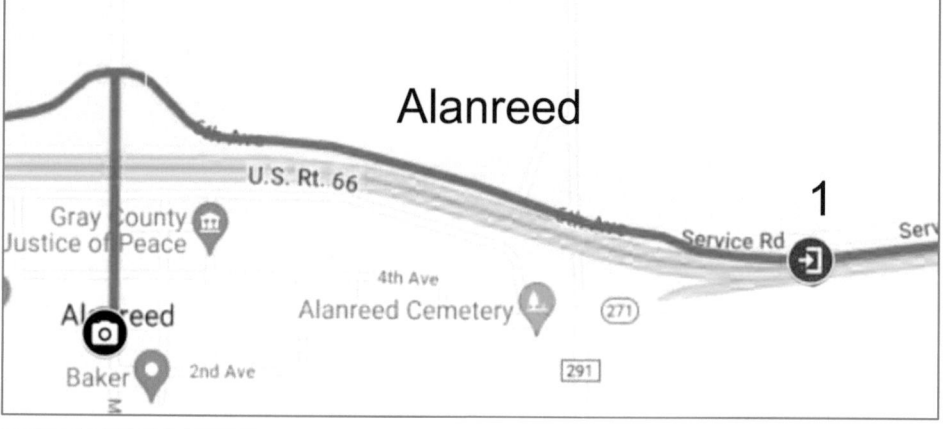

Groom

Alanreed

- 🅾 Mc Lean - Cactus Inn
- ➡️ 1 - Exit 135
- 🅾 Alanreed - Fuel Station
- ➡️ 2 - Exit 114
- 🅾 Groom - Leaning Tower
- ➡️ 3 - Turn Left - Historic Route
- 🅾 Groom - Cross of Jesus Christ
- 🅾 Conway - VW Bug Ranch

Miles	Cumul	Km	Cumul	Repère	City	POI	Address	GPS
0,6	37,5	1	60	A	Mc Lean	Cactus Motel	101 Pine St, McLean, TX 79057, United States	35.23393, -100.608
7,5	45,0	12	72	B	Alanreed	66 Super Service	105 Unknown, Alanreed, TX 79002, United States	35.2123, -100.73462
21,3	66,3	34	106	C	Groom	Leaning Tower of Texas	Groom, Texas 79039, United States	35.19811, -101.0819
3,1	69,4	5	111	D	Groom	Cross of our Lord Jesus Christ	I-40, Exit 112, Groom, TX 79039, United States	35.20982, -101.12341
15,6	85,0	25	136	E	Conway	VW Slug Bug Ranch	I-40 Frontage Rd, Panhandle, TX 79068, United States	35.21555, -101.3838

A   Mc Lean   Cactus Motel

D   Groom   Cross of our Lord Jesus Christ

B   Alanreed   66 Super Service

E   Conway   VW Slug Bug Ranch

C   Groom   Leaning Tower of Texas

Partie 3 : Conway - Amarillo

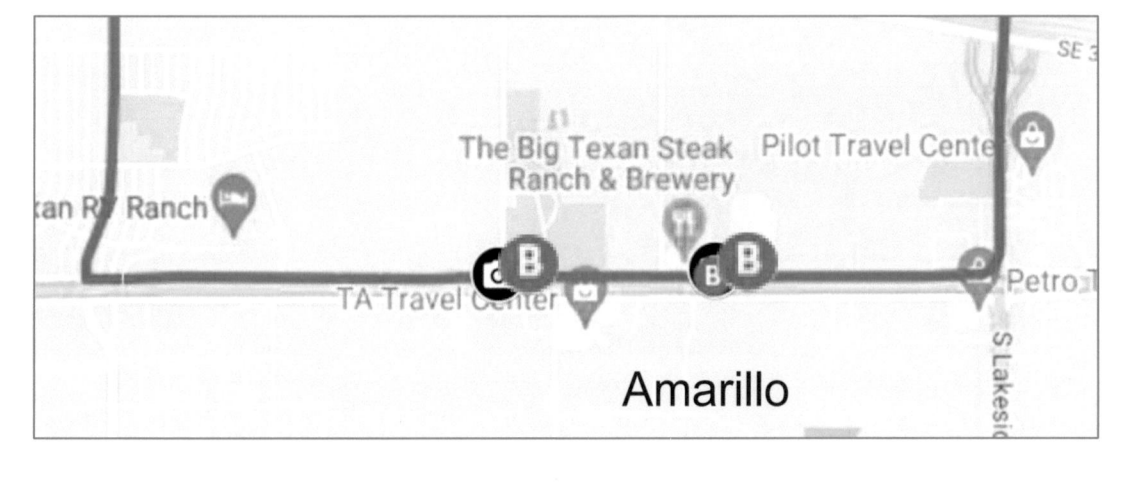

📷	Conway - VW Bug Ranch
📷	Amarillo -Big Texan Motel
📷	Amarillo - The Big Texan Steak
📷	Amarillo - 2nd Am Cowboy
📷	Amarillo - Cadillac Ranch

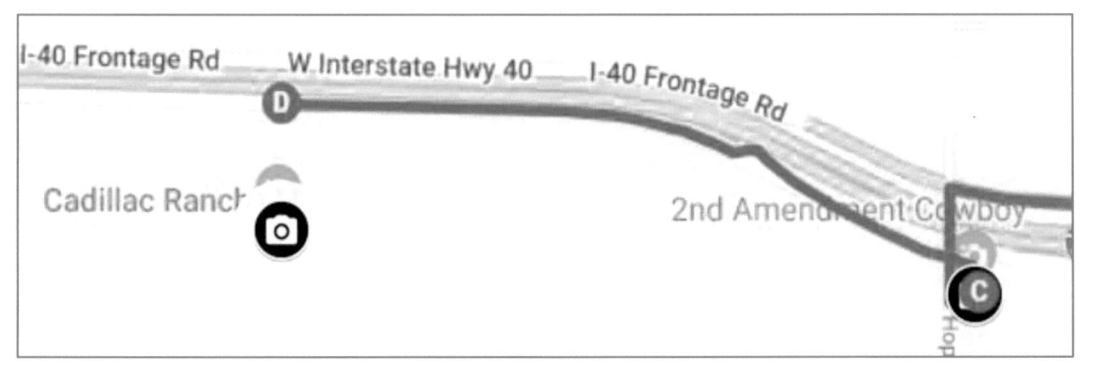

Miles	Cumul	Km	Cumul	Repère	City	POI	Address	GPS
15,6	85,0	25	136	A	Conway	VW Slug Bug Ranch	I-40 Frontage Rd, Panhandle, TX 79068, United States	35.21555, -101.3838
24,4	109,4	39	175	B	Amarillo	The Big Texan Steak Ranch	7701 I-40 East, Amarillo, TX 79118, United States	35.1936, -101.75489
0,6	110,0	1	176	B	Amarillo	Big Texan Motel	7701 I-40 East, Amarillo, TX 79118, United States	35.1936, -101.75489
16,3	126,3	26	202	C	Amarillo	2nd Amendment Cowboy	2600 Hope Rd, Amarillo, TX 79124, United States	35.18633, -101.97402
0,6	126,9	1	203	D	Amarillo	Cadillac Ranch	13651 I-40 Frontage Rd, Amarillo, TX 79124, USA	35.18723, -101.98704

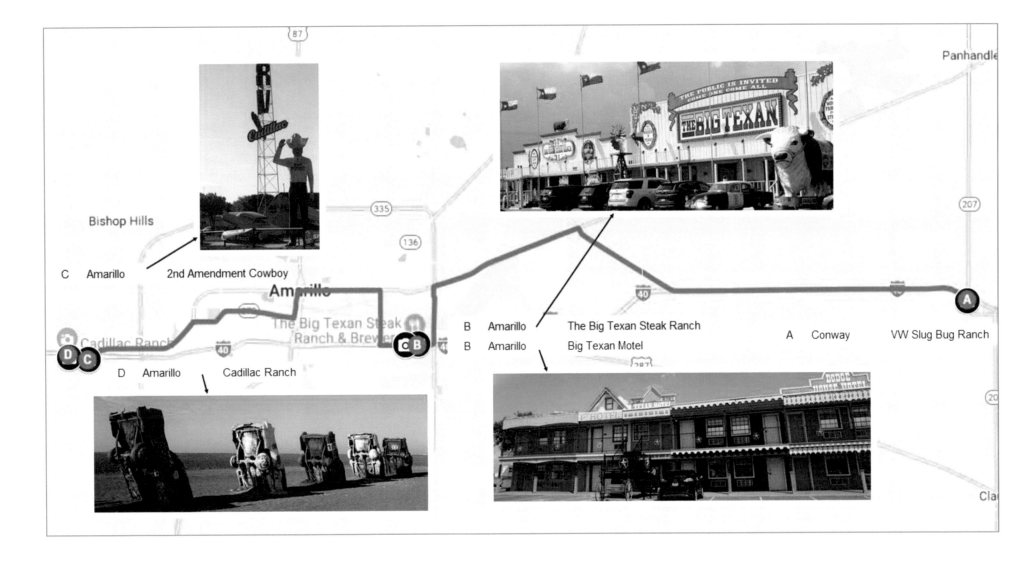

C   Amarillo   2nd Amendment Cowboy

B   Amarillo   The Big Texan Steak Ranch

B   Amarillo   Big Texan Motel

A   Conway   VW Slug Bug Ranch

D   Amarillo   Cadillac Ranch

Partie 4 : Amarillo - Glenrio

Vega

- 📷 Amarillo - Cadillac Ranch
- 📷 Vega - Bonanza Motel
- 📷 Vega - Magnolia Gas Station
- 📷 Vega - Vega Motel
- 📷 Vega - Hickory Inn Cafe
- 📷 Adrian - Midway Point
- 1 - Exit 0
- 📷 Glenrio - Ghost Town

Miles	Cumul	Km	Cumul	Repère	City	POI	Address	GPS
0,6	126,9	1	203	A	Amarillo	Cadillac Ranch	13651 I-40 Frontage Rd, Amarillo, TX 79124, USA	35.18723, -101.98704
25,0	151,9	40	243	B	Vega	Bonanza Motel	607 Vega Blvd, Vega, TX 79092, United States	35.24263, -102.42442
0,6	152,5	1	244	C	Vega	Magnolia Gas Station	105 S Main St, Vega, TX 79092, United States	35.24599, -102.42819
0,6	153,1	1	245	D	Vega	Historic Vega Motel	1005 Vega Blvd, Vega, TX 79092, United States	35.24259, -102.42952
0,6	153,8	1	246	E	Vega	Hickory Inn Cafe	1004 Vega Blvd, Vega, TX 79092, United States	35.24334, -102.42939
13,8	167,5	22	268	F	Adrian	Midway Point of Route 66	301 I-40, Adrian, TX 79001, United States	35.27113, -102.67287
22,5	190,0	36	304	G	Glenrio	Ghost Town	I-40BL, Hereford, TX 79045, United States	35.17906, -103.04019

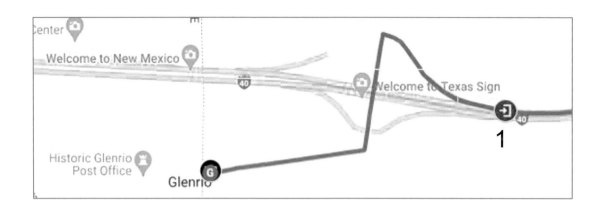

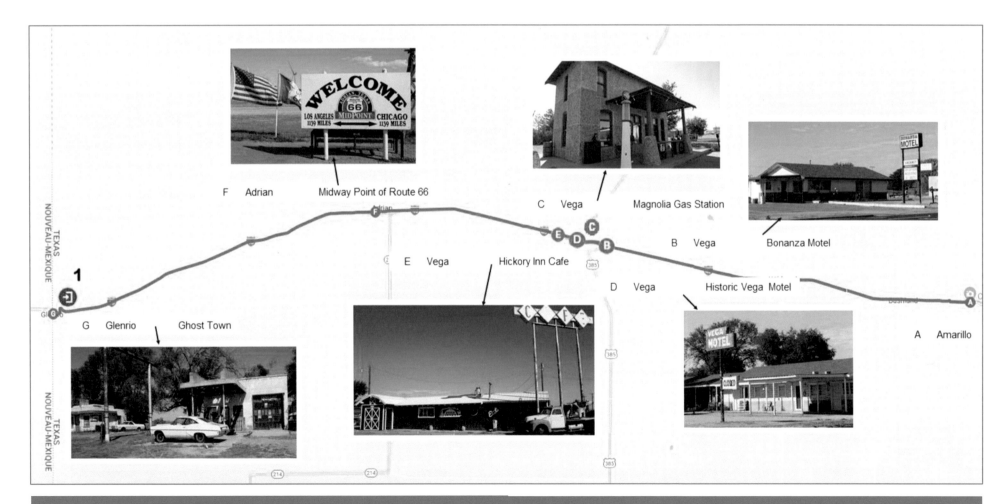

F   Adrian   Midway Point of Route 66

C   Vega   Magnolia Gas Station

B   Vega   Bonanza Motel

E   Vega   Hickory Inn Cafe

D   Vega   Historic Vega Motel

G   Glenrio   Ghost Town

A   Amarillo

Partie 1 : Glenrio - Tucumcari

-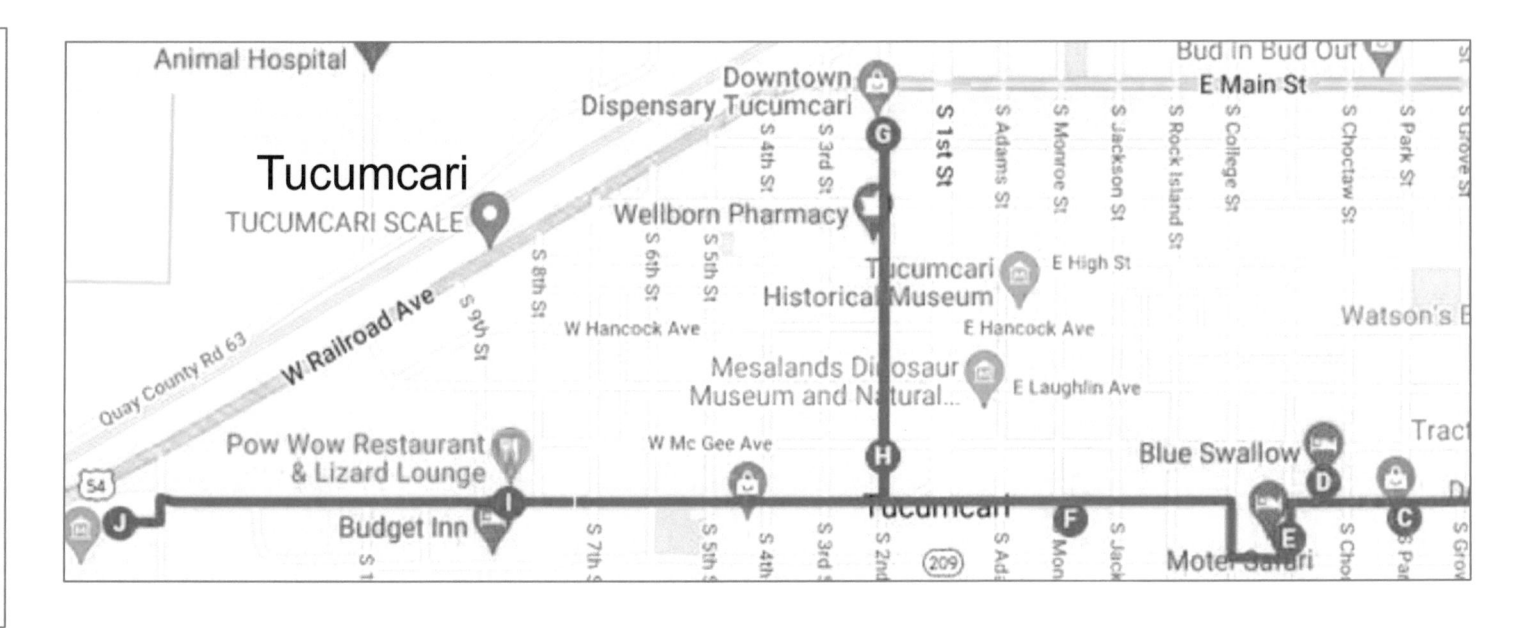

Welcome New Mexico
1 - Exit 369
2 - Exit 356 - San Jon
San Jon motel
TeePee Curios
Tucumcari - Blue Swallow
Tucumcari - Motel Safari
Tucumcari - Americana Motel
Tucumcari - Odeon Theatre
Tucumcari - Legendary Road
Tucumcari - Pow Wow
Tucumcari - Rte 66 Monument

Miles	Cumul	Km	Cumul	Repère	City	POI	Address	GPS
0,0	0,0	0	0	A	Glenrio	Welcome New Mexico	I-40BL, Hereford, TX 79045, United States	35.18256, -103.04293
19,4	19,4	31	31	B	San Jon	Western Motel	San Jon, Nouveau-Mexique 88434, United States	35.10659, -103.3264
23,1	42,5	37	68	C	Tucumcari	TeePee Curios	924 E Rte 66 Blvd, Tucumcari, NM 88401, United States	35.17152, -103.71488
0,6	43,1	1	69	D	Tucumcari	Blue Swallow Motel	815 E Rte 66 Blvd, Tucumcari, NM 88401, United States	35.17219, -103.71643
0,6	43,8	1	70	E	Tucumcari	Motel Safari	722 E Rte 66 Blvd, Tucumcari, NM 88401, United States	35.17118, -103.71765
0,6	44,4	1	71	F	Tucumcari	Americana Motel	406 E Rte 66 Blvd, Tucumcari, NM 88401, United States	35.17155, -103.7219
0,6	45,0	1	72	G	Tucumcari	Odeon Theatre	123 S 2nd St, Tucumcari, NM 88401, United States	35.17821, -103.72626
0,6	45,6	1	73	H	Tucumcari	Murals Legendary Road	Corner 2nd St - Mc Gee Ave, Tucumcari, NM 88401, Usa	35.1726, -103.72626
0,6	46,3	1	74	I	Tucumcari	Pow Wow Inn	801 W Tucumcari Blvd, Tucumcari, NM 88401, Usa	35.17233, -103.73469
0,6	46,9	1	75	J	Tucumcari	Route 66 Monument	1500 U.S. Rte 66, Tucumcari, NM 88401, United States	35.17151, -103.74293

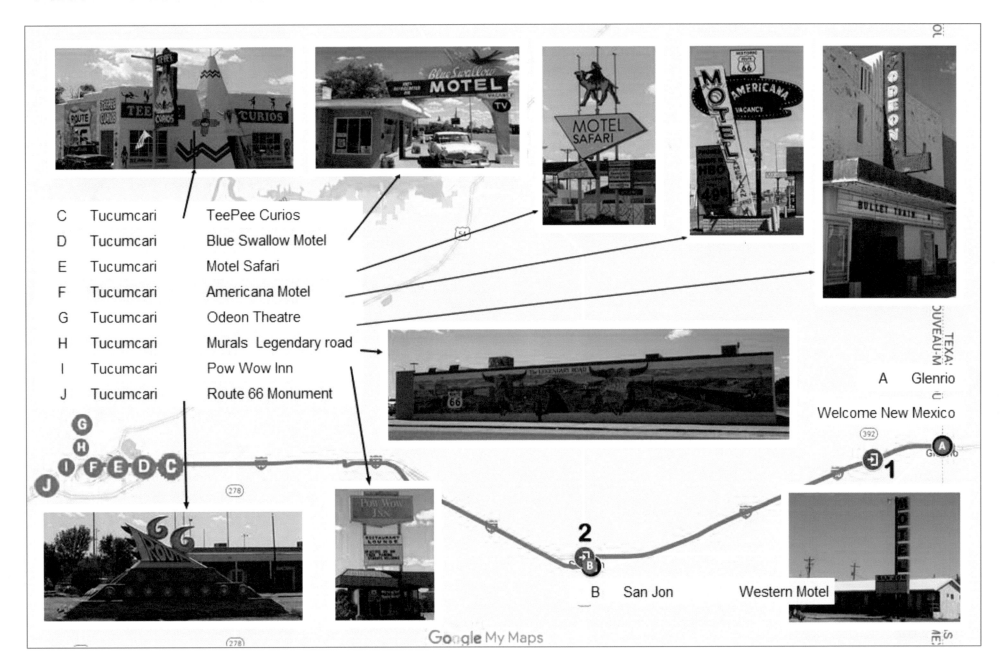

C	Tucumcari	TeePee Curios
D	Tucumcari	Blue Swallow Motel
E	Tucumcari	Motel Safari
F	Tucumcari	Americana Motel
G	Tucumcari	Odeon Theatre
H	Tucumcari	Murals Legendary road
I	Tucumcari	Pow Wow Inn
J	Tucumcari	Route 66 Monument

A   Glenrio
Welcome New Mexico

B   San Jon   Western Motel

Google My Maps

Partie 2 : Tucumcari - Pecos

- Tucumcari - Rt 66 Monument
- 1 - Exit 277 - Santa Rosa
- Santa Rosa - Auto Museum
- Santa Rosa - Restaurant 66
- Santa Rosa - The Blue Hole
- Santa Rosa - Joseph's Bar
- Santa Rosa - Pecos Theatre
- 2 - Exit 256 - Las Vegas R 84
- Pecos - National Park

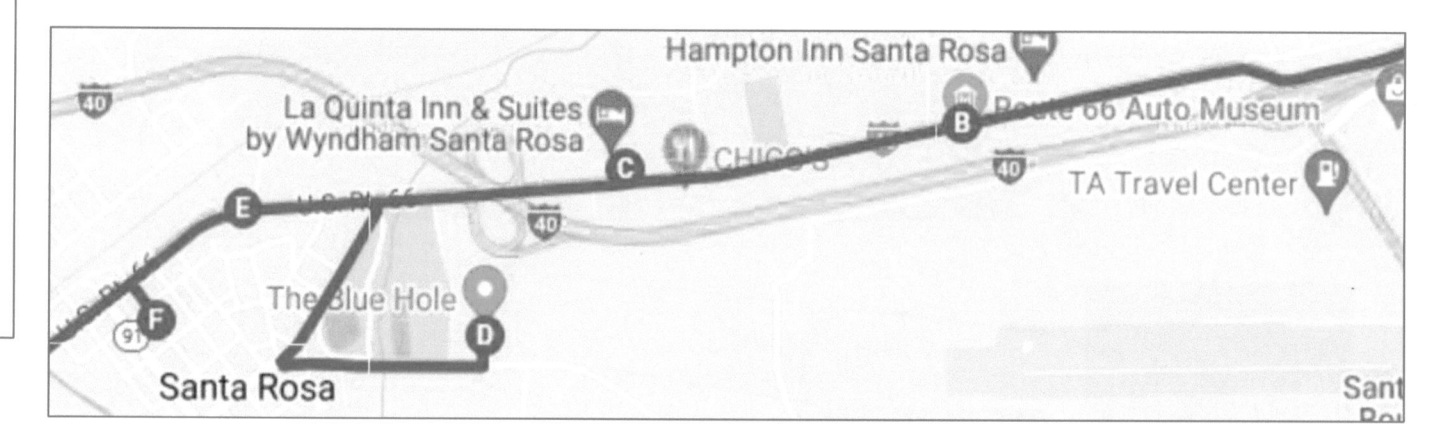

Miles	Cumul	Km	Cumul	Repère	City	POI	Address	GPS
0,6	46,9	1	75	A	Tucumcari	Route 66 Monument	1500 U.S. Rte 66, Tucumcari, NM 88401, United States	35.17151, -103.74293
56,3	103,1	90	165	B	Santa Rosa	Route 66 Auto Museum	2436 U.S. Rte 66, Santa Rosa, NM 88435, United States	34.94643, -104.65463
0,6	103,8	1	166	C	Santa Rosa	Restaurant Route 66	2295 Historic, U.S. Rte 66, Santa Rosa, NM 88435, Usa	34.94537, -104.66756
1,3	105,0	2	168	D	Santa Rosa	The Blue Hole	1085 Blue Hole Rd, Santa Rosa, NM 88435, United States	34.94048, -104.67326
0,6	105,6	1	169	E	Santa Rosa	Joseph's Bar & Grill	1775 U.S. Rte 66, Santa Rosa, NM 88435, United States	34.94437, -104.68276
0,6	106,3	1	170	F	Santa Rosa	Pecos Theatre	219 S 4th St, Santa Rosa, NM 88435, United States	34.94056, -104.68632
96,3	202,5	154	324	G	Pecos	National Park	Ancestral Sites Trail, Pecos, NM 87552, United States	35.5504, -105.68628

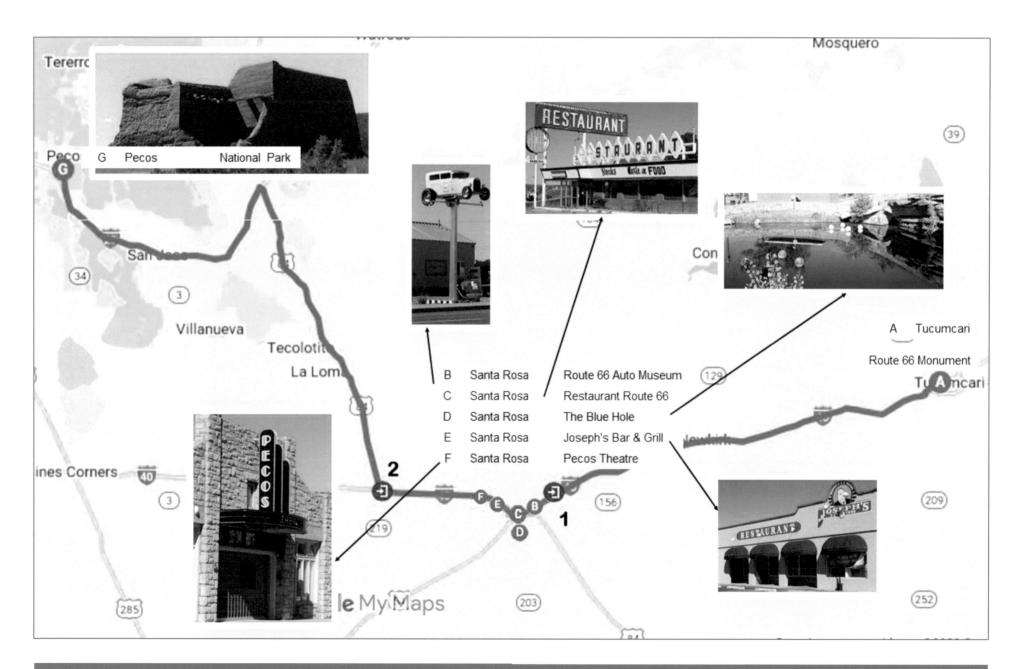

G   Pecos   National Park

B   Santa Rosa   Route 66 Auto Museum
C   Santa Rosa   Restaurant Route 66
D   Santa Rosa   The Blue Hole
E   Santa Rosa   Joseph's Bar & Grill
F   Santa Rosa   Pecos Theatre

A   Tucumcari

Route 66 Monument

Partie 3 : Pecos - Santa Fe

- ◉ Pecos - National Park
- ◉ Santa Fe - San Miguel Chapel
- ◉ Santa Fe - Loretto Chapel
- ◉ Santa Fe - Cathedral
- ◉ Santa Fe - Plaza
- ◉ Santa Fe - Museum of Art
- ◉ Santa Fe - Lady Guadalupe

Miles	Cumul	Km	Cumul	Repère	City	POI	Address	GPS
96,3	202,5	154	324	A	Pecos	National Park	Ancestral Sites Trail, Pecos, NM 87552, United States	35.5504, -105.68628
30,6	233,1	49	373	B	Santa Fe	San Miguel Chapel	401 Old Santa Fe Trail, Santa Fe, NM 87501, United States	35.68345, -105.93755
0,6	233,8	1	374	C	Santa Fe	Loretto Chapel	207 Old Santa Fe Trail, Santa Fe, NM 87501, United States	35.68562, -105.93761
0,6	234,4	1	375	D	Santa Fe	Cathedral	131 Cathedral Pl, Santa Fe, NM 87501, United States	35.6866, -105.93647
0,6	235,0	1	376	E	Santa Fe	Plaza	63 Lincoln Ave, Santa Fe, NM 87501, United States	35.68742, -105.93851
0,6	235,6	1	377	F	Santa Fe	Museum of Art	107 W Palace Ave, Santa Fe, NM 87501, United States	35.68814, -105.93901
0,6	236,3	1	378	G	Santa Fe	Nuestra Señora Guadalupe	100 S Guadalupe St, Santa Fe, NM 87501, United States	35.68696, -105.94466

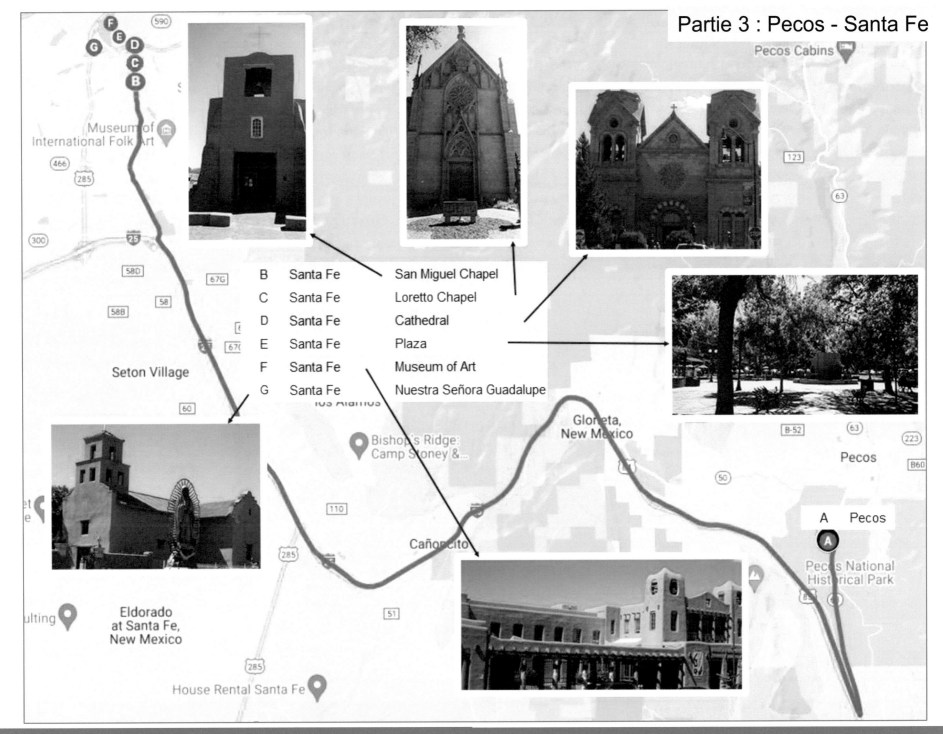

B	Santa Fe	San Miguel Chapel
C	Santa Fe	Loretto Chapel
D	Santa Fe	Cathedral
E	Santa Fe	Plaza
F	Santa Fe	Museum of Art
G	Santa Fe	Nuestra Señora Guadalupe

A   Pecos

Partie 4 : Santa Fe - Albuquerque

- 📷 Santa Fe - NS de Guadalupe
- ⮊ 1 - Exit 226 A - Santa Rosa
- ⮊ 2 - Exit 164 - Wyoming Bvld
- 📷 Albuquerque - Piñon Motel
- 📷 Albuquerque - Bow & Arrow
- 📷 Albuquerque - Tewa Lodge
- 📷 Albuquerque - Hiland Theater
- 📷 ALbuquerque - Zia Motel sign
- 📷 Albuquerque - 66 Diner
- 📷 Albuquerque - Kimo Theater
- 📷 Albuquerque - El Rey Theater
- 📷 Albuquerque - Blue Door

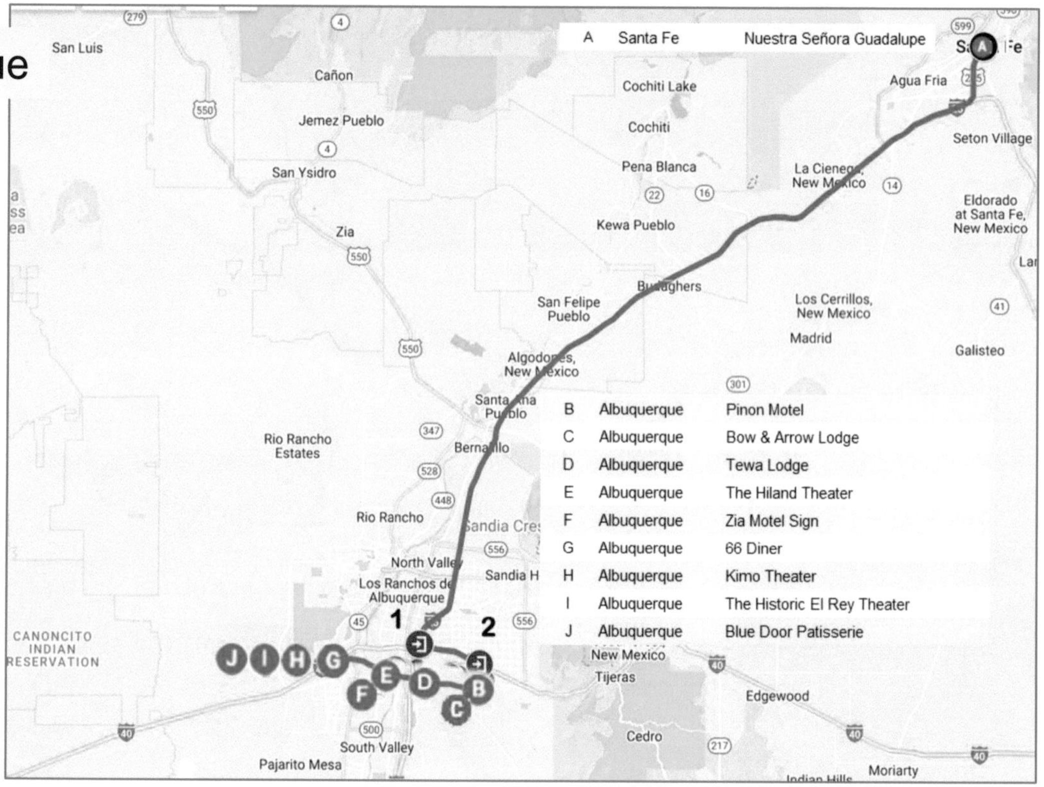

A	Santa Fe	Nuestra Señora Guadalupe
B	Albuquerque	Pinon Motel
C	Albuquerque	Bow & Arrow Lodge
D	Albuquerque	Tewa Lodge
E	Albuquerque	The Hiland Theater
F	Albuquerque	Zia Motel Sign
G	Albuquerque	66 Diner
H	Albuquerque	Kimo Theater
I	Albuquerque	The Historic El Rey Theater
J	Albuquerque	Blue Door Patisserie

Miles	Cumul	Km	Cumul	Repère	City	POI	Address	GPS
0,6	236,3	1	378	A	Santa Fe	Nuestra Señora Guadalupe	100 S Guadalupe St, Santa Fe, NM 87501, United States	35.68696, -105.94466
66,9	303,1	107	485	B	Albuquerque	Pinon Motel	8501 Central Ave NE, Albuquerque, NM 87108, United States	35.07443, -106.5525
0,6	303,8	1	486	C	Albuquerque	Bow & Arrow Lodge	8300 Central Ave SE, Albuquerque, NM 87108, United States	35.07374, -106.55458
1,9	305,6	3	489	D	Albuquerque	Tewa Lodge	5715 Central Ave NE, Albuquerque, NM 87108, United States	35.07746, -106.58208
0,6	306,3	1	490	E	Albuquerque	The Hiland Theater	4800 Central Ave SE, Albuquerque, NM 87108, United States	35.07791, -106.59117
0,6	306,9	1	491	F	Albuquerque	Zia Motel Sign	4611 Central Ave NE, Albuquerque, NM 87108, United States	35.07856, -106.59252
2,5	309,4	4	495	G	Albuquerque	66 Diner	1405 Central Ave NE, Albuquerque, NM 87106, United States	35.08215, -106.63068
1,3	310,6	2	497	H	Albuquerque	Kimo Theater	423 Central Ave NW, Albuquerque, NM 87102, United States	35.08477, -106.65258
0,6	311,3	1	498	I	Albuquerque	The Historic El Rey Theater	622 Central Ave SW, Albuquerque, NM 87102, United States	35.08488, -106.65497
0,6	311,9	1	499	J	Albuquerque	Blue Door Patisserie	906 Park Ave SW, Albuquerque, NM 87102, United States	35.08517, -106.65798

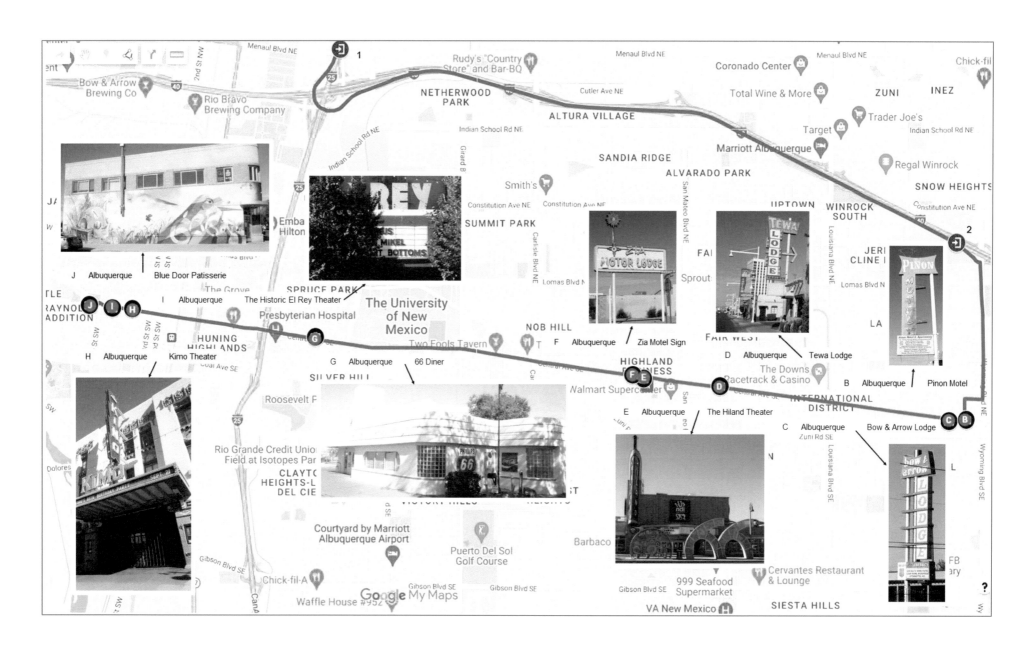

Partie 5 : Albuquerque - Grants

- Albuquerque - Blue Door
- 1 - Exit 149
- San Fidel - Sol Cafe + Trading
- San Fidel - St Josep Church
- San Fidel - Gas Station
- Exit 117 - Mesita
- Grants - Sands Motel
- Grants - West Theatre
- Grants - Neon Drive-Thru Sign
- Continental Divide - on Rte 66

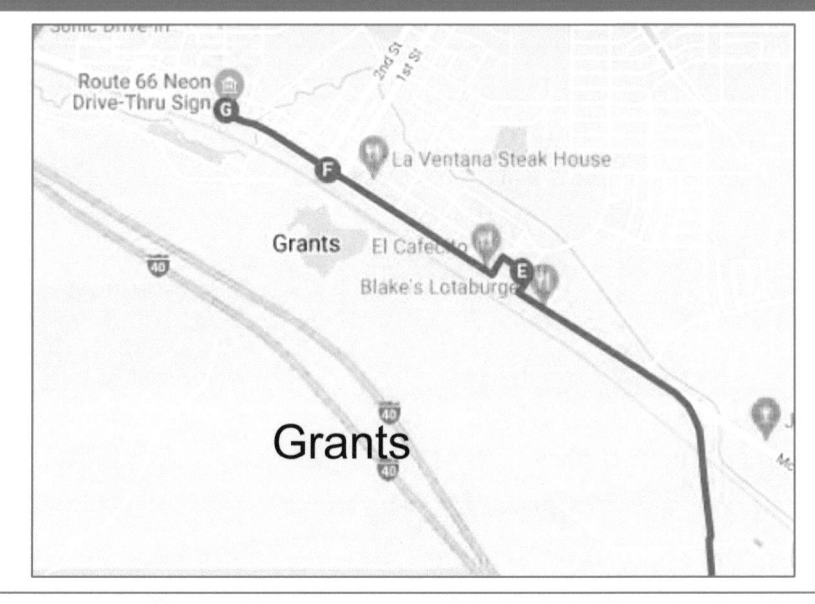

Grants

San Fidel

Miles	Cumul	Km	Cumul	Repère	City	POI	Address	GPS
0,6	311,9	1	499	A	Albuquerque	Blue Door Patisserie	906 Park Ave SW, Albuquerque, NM 87102, United States	35.08517, -106.65798
59,4	371,3	95	594	B	San Fidel	Sol 66 Cafe + Trading Post	R 66 - 1095 NM 124, San Fidel, NM 87049, United States	35.08258, -107.59658
0,6	371,9	1	595	C	San Fidel	Joseph's Church	r 66 - 1095 NM 124, San Fidel, NM 87049, United States	35.08239, -107.59893
2,5	374,4	4	599	D	San Fidel	Abandoned Gas Station	R 66 - NM 124, San Fidel, NM 87049, United States	35.07716, -107.64738
13,8	388,1	22	621	E	Grants	Sands Motel	1009 E Santa Fe Ave, Grants, NM 87020, United States	35.14431, -107.83846
0,6	388,8	1	622	F	Grants	West Theatre	118 W Santa Fe Ave, Grants, NM 87020, United States	35.15086, -107.85013
0,6	389,4	1	623	G	Grants	Neon Drive -Thru Sign	600 W Santa Fe Ave, Grants, NM 87020, United States	35.15352, -107.85603

Partie 5 : Albuquerque - Grants

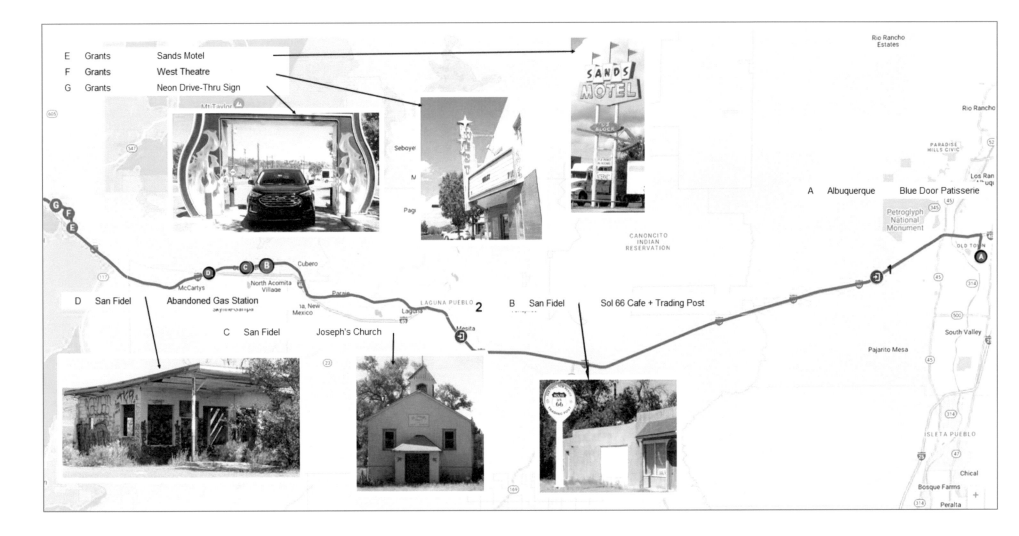

E   Grants   Sands Motel
F   Grants   West Theatre
G   Grants   Neon Drive-Thru Sign

A   Albuquerque   Blue Door Patisserie

D   San Fidel   Abandoned Gas Station

C   San Fidel   Joseph's Church

B   San Fidel   Sol 66 Cafe + Trading Post

Partie 6 : Grants - Lupton

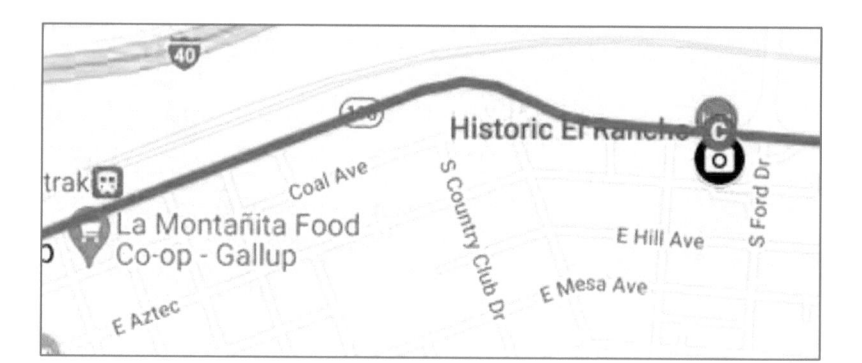

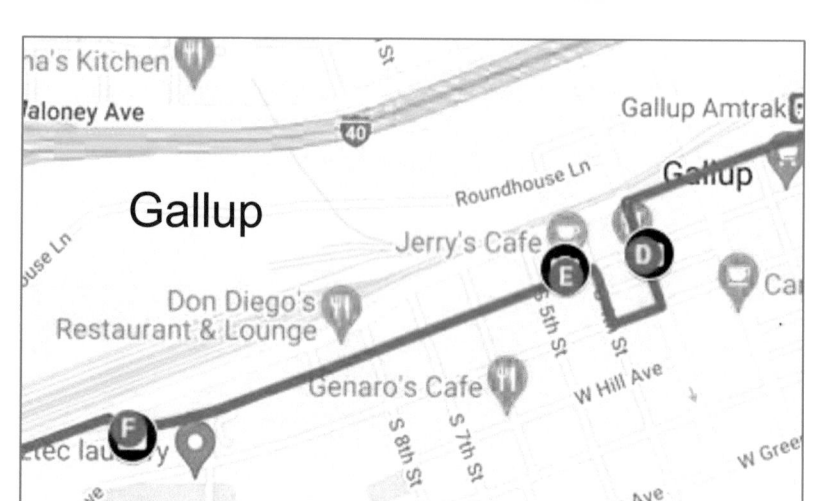

- Grants - Drive-Thru Sign
- Continental Divide
- 1 - Exit 47 - I 40
- 2 - Exit 26
- Gallup - El Rancho Hotel
- Gallup - Murals
- Gallup - Muffler man
- Gallup - Colonial Motel
- Lupton - Welcome Arizona

Miles	Cumul	Km	Cumul	Repère	City	POI	Address	GPS
0,6	389,4	1	623	A	Grants	Neon Drive -Thru Sign	600 W Santa Fe Ave, Grants, NM 87020, United States	35.15352, -107.85603
35,0	424,4	56	679	B	Continental Divide	Continental Divide	32-38 Wrangler Rd, Continental Divide, NM 87312, Usa	35.42308, -108.3128
25,0	449,4	40	719	C	Gallup	El Rancho Hotel	1000 E Hwy 66, Gallup, NM 87301, United States	35.52962, -108.72808
1,0	450,4	2	721	D	Gallup	Murals	277-287 S 3rd St, Gallup, NM 87301, United States	35.5267, -108.74388
0,6	451,0	1	722	E	Gallup	Muffler Man	416 W Coal Ave, Gallup, NM 87301, United States	35.52643, -108.74565
0,6	451,6	1	723	F	Gallup	Colonial Motel	1007 W Coal Ave, Gallup, NM 87301, United States	35.52355, -108.75487
20,6	472,3	33	756	G	Lupton	Welcome Arizona	Route 66	35.36314, -109.04665

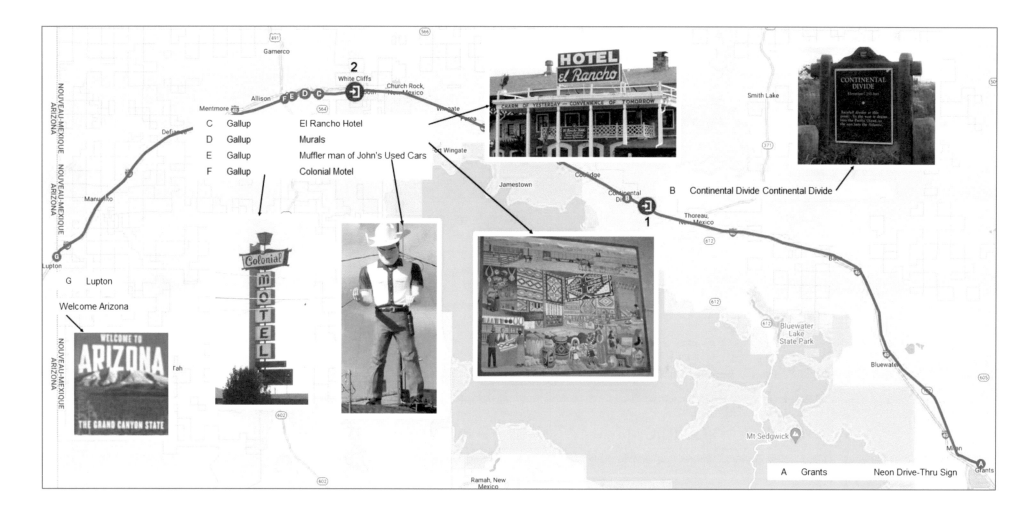

C   Gallup   El Rancho Hotel
D   Gallup   Murals
E   Gallup   Muffler man of John's Used Cars
F   Gallup   Colonial Motel

G   Lupton

Welcome Arizona

B   Continental Divide Continental Divide

A   Grants   Neon Drive-Thru Sign

Partie 1 : Lupton - Holbrook

- Lupton - Teepee Trading Post
- Welcome to Arizona Sign
- 1 - Exit 346 - Pine Springs
- Houck - Querino Canyon Brid...
- 2 - Exit 343 - Flagstaff
- Petrified National Forest Sign
- Holbrokk - El Rancho
- Holbrook - Dinos
- Holbrok - Joe Angie Cafe
- Holbrook - Butterfield Steak ...
- Holbrook - Wigwam Motel

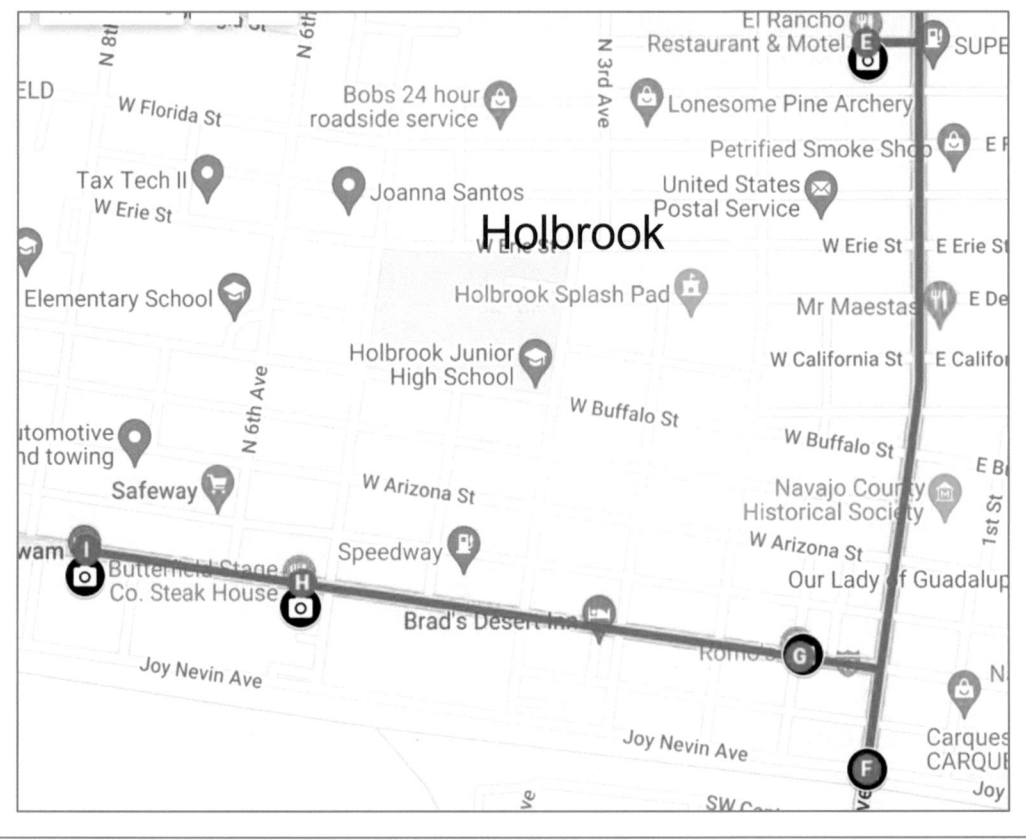

Miles	Cumul	Km	Cumul	Repère	City	POI	Address	GPS
0,0	0,0	0	0	A	Lupton	Teepee Trading Post	Lupton, Arizona 86508, United States	35.36005, -109.05013
0,6	0,6	1	1	B	Lupton	Arizona Welcome	9W2V+W2, Lupton, Arizona 86508, United States	35.36425, -109.0454
14,4	15,0	23	24	C	Houck	Querino Canyon Bridge	Querino Dirt Rd, Houck, AZ 86506, United States	35.27094, -109.27714
33,8	48,8	54	78	D	National Park	Petrified Forest	3668+RP, Petrified Forest National Park, AZ 86028, Usa	35.06205, -109.78312
25,0	73,8	40	118	E	Holbrook	El Rancho Restaurant & Motel	867 Navajo Blvd, Holbrook, AZ 86025, United States	34.90787, -110.15873
0,6	74,4	1	119	F	Holbrook	Dinos of Holbrook	101-153 Central Ave, Holbrook, AZ 86025, United States	34.90058, -110.15874
0,6	75,0	1	120	G	Holbrook	Joe & Aggie's Cafe	120 W Hopi Dr, Holbrook, AZ 86025, United States	34.9019, -110.15945
0,6	75,6	1	121	H	Holbrook	Butterfield Steak House	609 W Hopi Dr, Holbrook, AZ 86025, United States	34.90226, -110.16605
0,0	75,6	0	121	I	Holbrook	Wigwam Motel	811 W Hopi Dr, Holbrook, AZ 86025, United States	34.90257, -110.16886

Partie 1 : Lupton - Holbrook

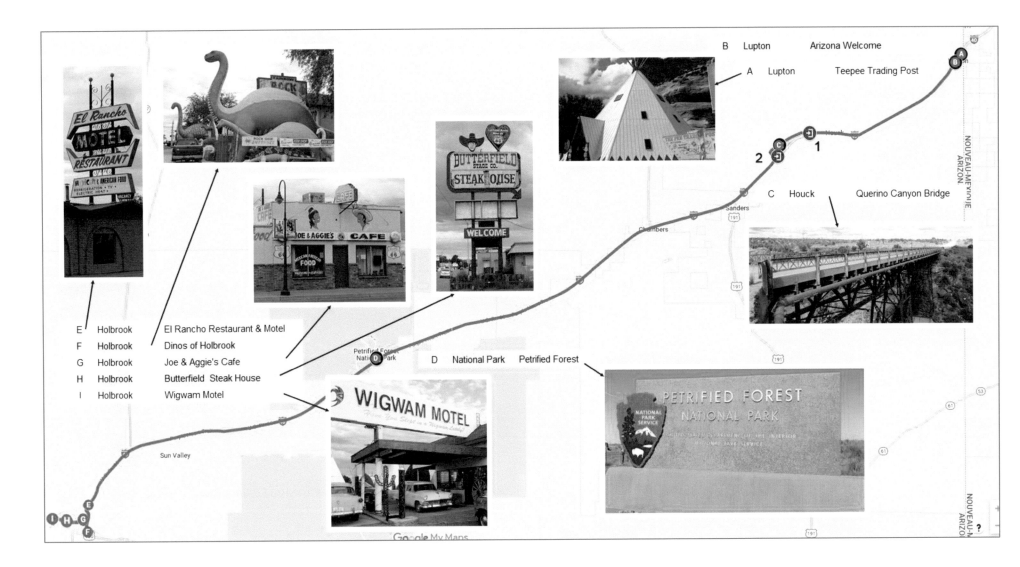

B   Lupton   Arizona Welcome

A   Lupton   Teepee Trading Post

C   Houck   Querino Canyon Bridge

D   National Park   Petrified Forest

E   Holbrook   El Rancho Restaurant & Motel
F   Holbrook   Dinos of Holbrook
G   Holbrook   Joe & Aggie's Cafe
H   Holbrook   Butterfield Steak House
I   Holbrook   Wigwam Motel

Partie 2 : Holbrook - Winslow

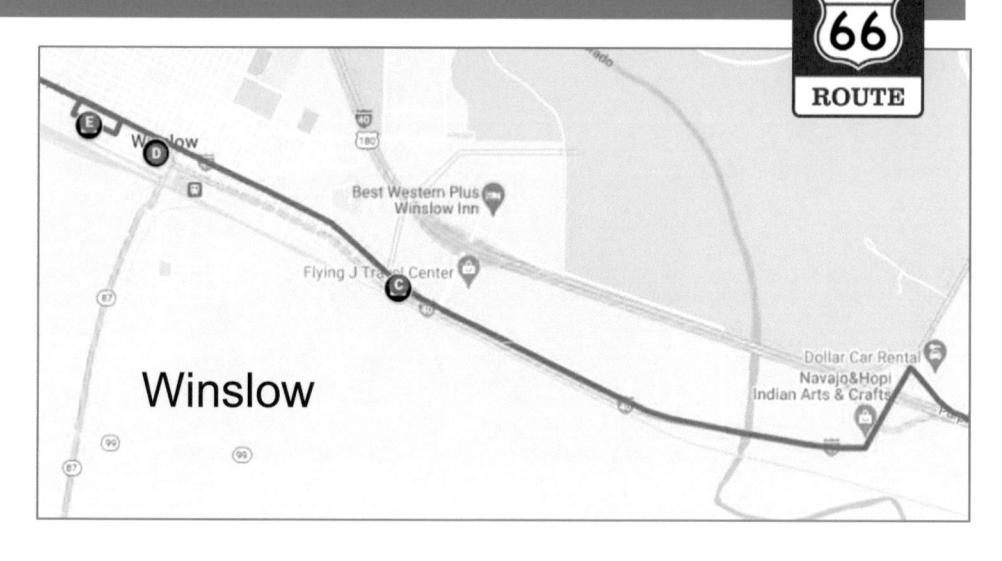

Winslow

- ⊙ Holbrook - Wigwam Motel
- ⤷ 1 - Exit 274 - Joseph City
- ⊙ Joseph City - Jack Rabbit
- ⤷ 2 - Exit 269 - Flagstaff
- ⊙ Winslow - 9-11 Memorial
- ⊙ Winslow - Take It Easy Statue
- ⊙ Winslow - Trading Post
- ⊙ Winslow - Meteor Crater

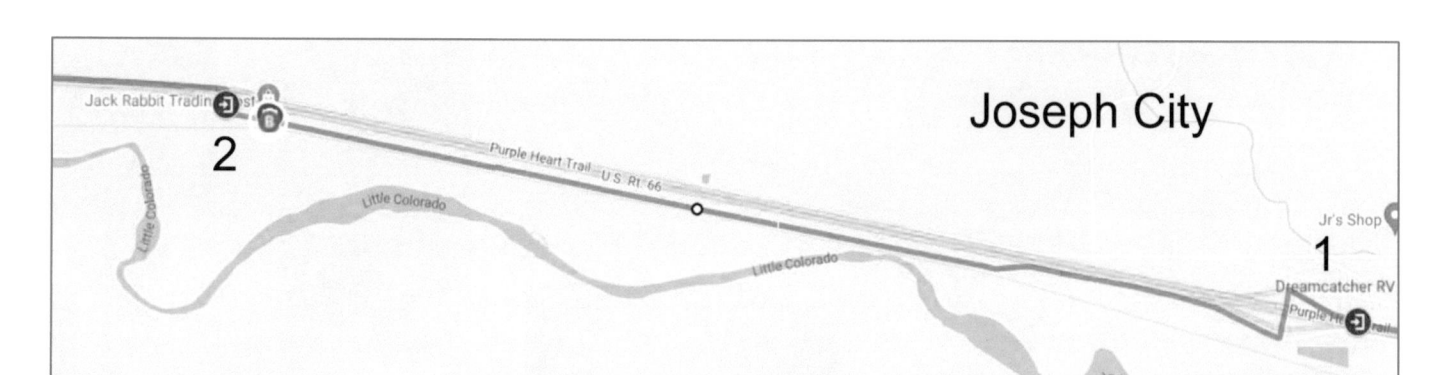

Joseph City

Miles	Cumul	Km	Cumul	Repère	City	POI	Address	GPS
0,0	75,6	0	121	A	Holbrook	Wigwam Motel	811 W Hopi Dr, Holbrook, AZ 86025, United States	34.90257, -110.16886
16,9	92,5	27	148	B	Joseph City	Jack Rabbit Trading Post	3386 U.S. Rte 66, Joseph City, AZ 86032, United States	34.96805, -110.4304
15,0	107,5	24	172	C	Winslow	9-11 Memorial	Winslow, Arizona 86047, United States	35.01548, -110.6795
1,3	108,8	2	174	D	Winslow	Take It Easy Statue	W 2nd St, Winslow, AZ 86047, United States	35.02348, -110.69807
0,6	109,4	1	175	E	Winslow	Visitor Center & Trading Post	523 W 2nd St, Winslow, AZ 86047, United States	35.02512, -110.70324
26,3	135,6	42	217	F	Winslow	Meteor Crater	Meteor Crater Rd, Winslow, AZ 86047, United States	35.03317, -111.02164

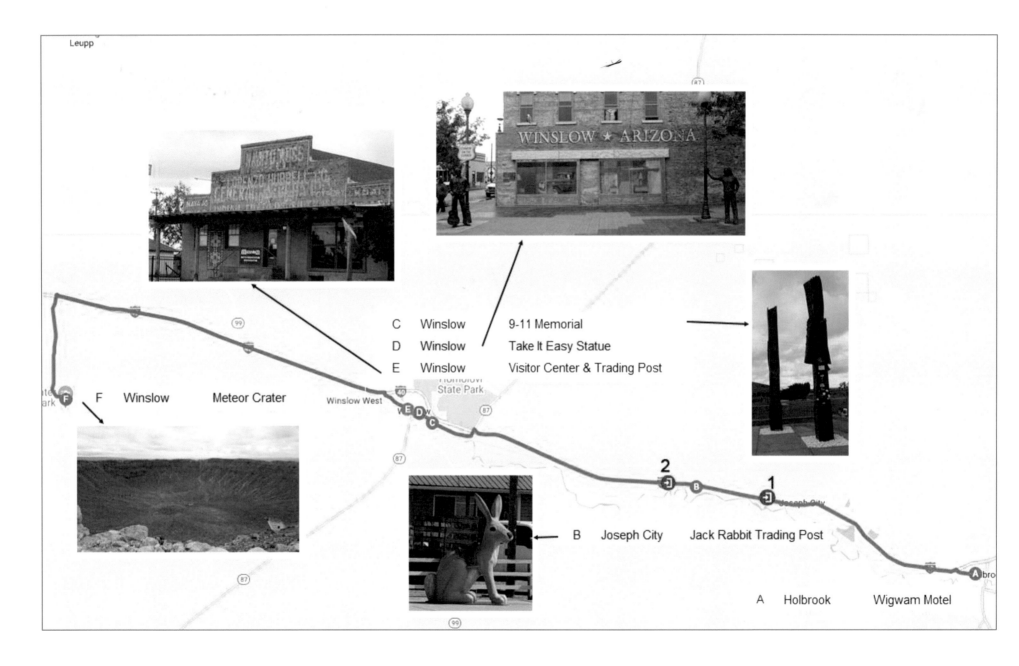

C   Winslow   9-11 Memorial

D   Winslow   Take It Easy Statue

E   Winslow   Visitor Center & Trading Post

F   Winslow   Meteor Crater

B   Joseph City   Jack Rabbit Trading Post

A   Holbrook   Wigwam Motel

HISTORIC
ROUTE

Partie 3 : Winslow - Flagstaff

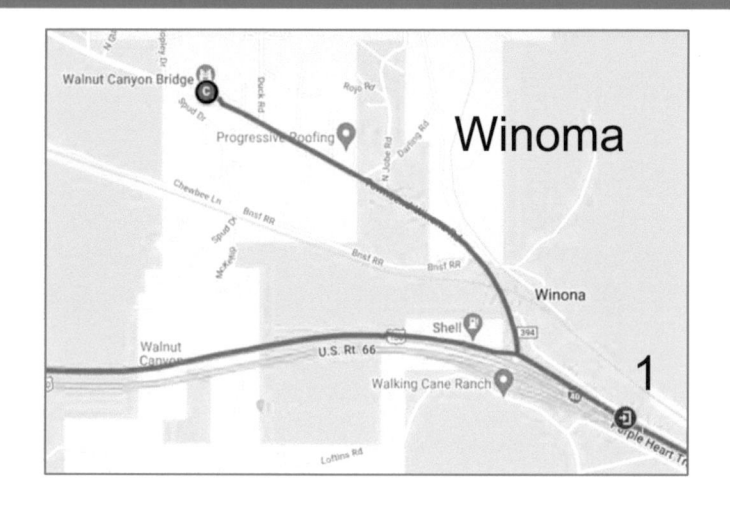
Winoma

- 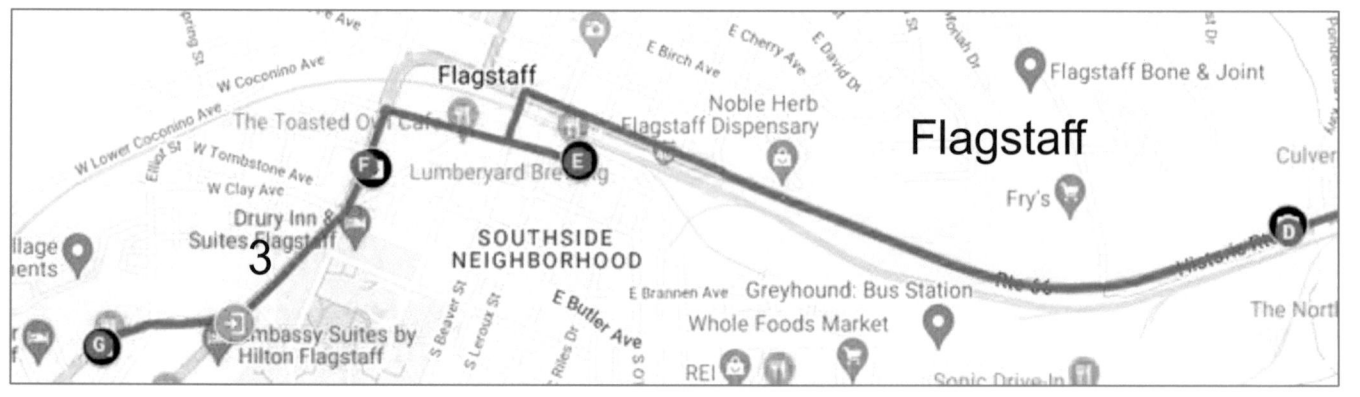 Twin Arrows - Trading Post
- Winslow - Meteor Crater
- Winona - Canyon Bridge
- 1 - Exit 211 - Winona
- 2 - Exit 204 - Walnut Canyon
- Flagstaff - Western Hills Motel
- Flagstaff - Mother Myth Mural
- Flagstaff - Giant woodsman
- 3 - Turn Right - West LA
- Flagstaff - Galaxy Diner

26,3	135,6	42	217	A	Winslow	Meteor Crater	Meteor Crater Rd, Winslow, AZ 86047, United States	35.03317, -111.02164
21,3	156,9	34	251	B	Twin Arrows	Twin Arrows + Trading Post	Flagstaff, Arizona 86004, United States	35.16108, -111.2792
10,0	166,9	16	267	C	Winona	Walnut - Canyon Bridge	12771-12829 Townsend-Winona Rd, Flagstaff, AZ 86004, Usa	35.21173, -111.42119
15,0	181,9	24	291	D	Flagstaff	Western Hills Motel	1580 E Rte 66, Flagstaff, AZ 86001, United States	35.19508, -111.62926
1,3	183,1	2	293	E	Flagstaff	Mother Myth Mural	66 E Phoenix Ave, Flagstaff, AZ 86001, United States	35.19642, -111.6488
0,6	183,8	1	294	F	Flagstaff	Giant Woodsman	218 S Milton Rd, Flagstaff, AZ 86001, United States	35.19601, -111.65463
0,6	184,4	1	295	G	Flagstaff	Galaxy Diner	931 W Rte 66, Flagstaff, AZ 86001, United States	35.1922, -111.66188

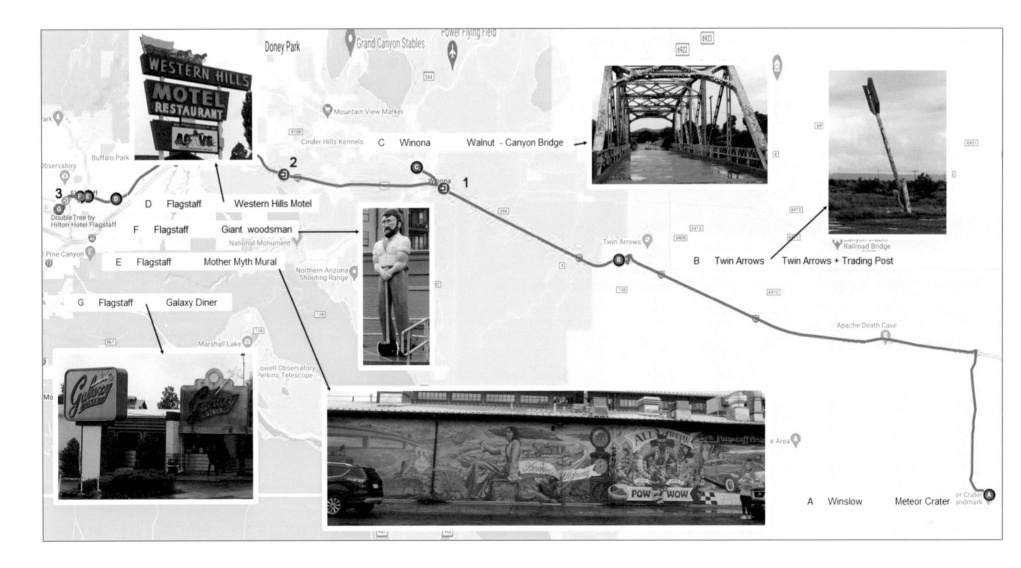

C   Winona   Walnut - Canyon Bridge

D   Flagstaff   Western Hills Motel

F   Flagstaff   Giant woodsman

E   Flagstaff   Mother Myth Mural

G   Flagstaff   Galaxy Diner

B   Twin Arrows   Twin Arrows + Trading Post

A   Winslow   Meteor Crater

Partie 4 : Flagstaff - Seligman

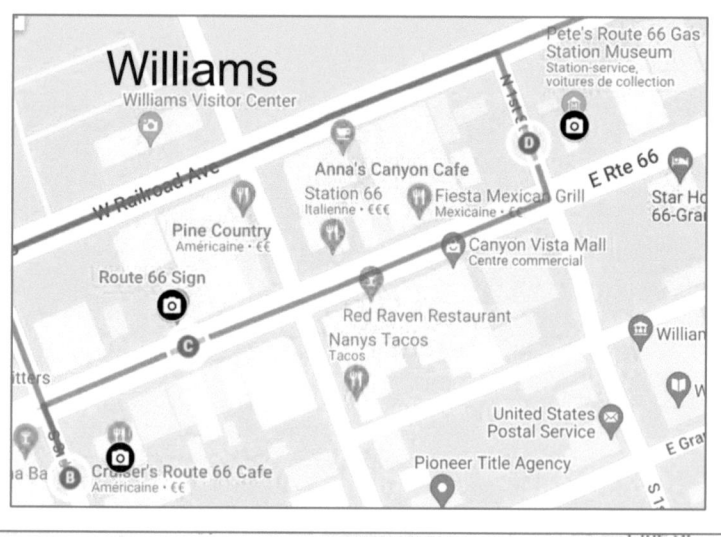

- Flagstaff - Galaxy Diner
- Williams - Pete's Gas Station
- Williams - Route 66 Sign
- Williams - Cruiser's Cafe
- 1 - Exit 139 - Seligman
- Seligman - Rusty Bolt
- Seligman - Sundries
- Seligman - Supai Motel
- Seligman - Route 66 Sign

Williams

Pete's Route 66 Gas Station Museum
Station-service, voitures de collection

Williams Visitor Center

Anna's Canyon Cafe
Station 66 — Italienne · €€€
Fiesta Mexican Grill — Mexicaine · €€
E Rte 66
Star Ho 66-Gra

Pine Country — Américaine · €€

Canyon Vista Mall — Centre commercial

Route 66 Sign

Red Raven Restaurant
Nanys Tacos — Tacos

Willian

United States Postal Service

Pioneer Title Agency

E Gra

Cruiser's Route 66 Cafe — Américaine · €€

Seligman

The Roadkill Cafe/CH Saloon

Historic Route 66
Seligman Fire District

Fort Comfort Veterans Village
Pine St

Family Dollar

Supai

Seligman Grocery Market
Pica

Route 66 RoadRunner

adillo's Snow-Cap — Fermé temporairement

Miles	Cumul	Km	Cumul	Repère	City	POI	Address	GPS
0,6	184,4	1	295	A	Flagstaff	Galaxy Diner	931 W Rte 66, Flagstaff, AZ 86001, United States	35.1922, -111.66188
31,9	217,5	51	348	B	Wiliams	Cruiser R 66 Cafe	233 W Rte 66, Williams, AZ 86046, United States	35.24995, -112.18914
0,6	185,6	1	297	C	Williams	Route 66 Sign	216 W Rte 66, Williams, AZ 86046, United States	35.25047, -112.18892
0,6	185,0	1	296	D	Wiliams	Pete's Route 66 Gas Station	101 E Rte 66, Williams, AZ 86046, United States	35.2511, -112.18717
41,9	259,4	67	415	E	Seligman	Rusty Bolt	22345 W Old hwy #66, Seligman, AZ 86337, United States	35.32643, -112.87476
0,6	260,0	1	416	F	Seligman	Historic Seligman Sundries	22405 AZ-66 Scenic, Seligman, AZ 86337, United States	35.32644, -112.87604
0,6	260,6	1	417	G	Seligman	Supai Motel	22450 AZ-66, Seligman, AZ 86337, United States	35.32701, -112.87683
0,6	261,3	1	418	H	Seligman	Worlds Largest Route 66 Sign	22925 W Old Hwy, Seligman, AZ 86337, United States	35.32833, -112.88477

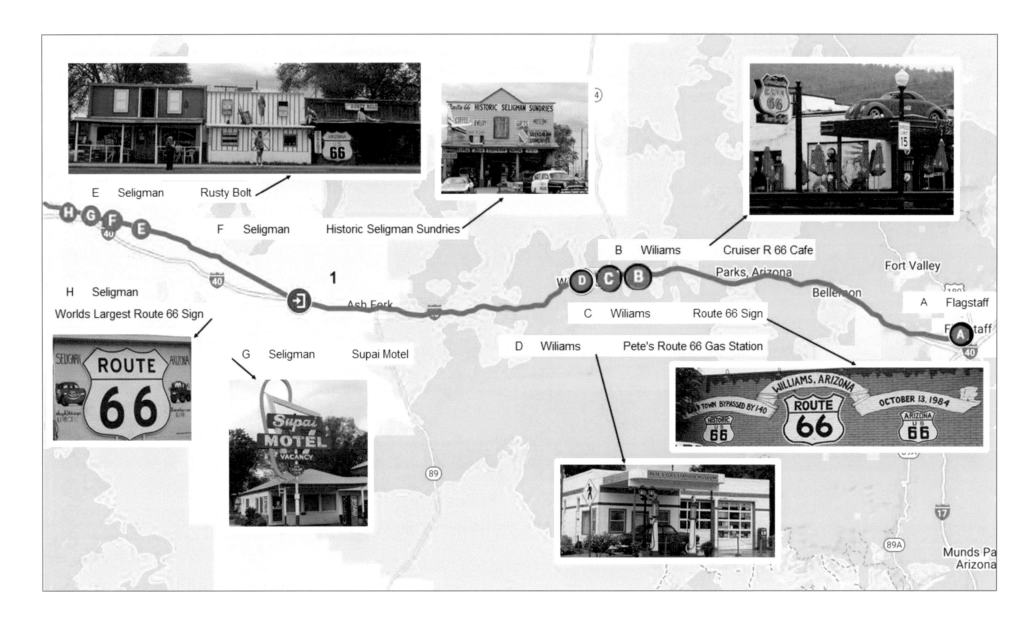

E   Seligman   Rusty Bolt

F   Seligman   Historic Seligman Sundries

B   Wiliams   Cruiser R 66 Cafe

H   Seligman
Worlds Largest Route 66 Sign

C   Wiliams   Route 66 Sign

D   Wiliams   Pete's Route 66 Gas Station

A   Flagstaff

G   Seligman   Supai Motel

Partie 5 : Seligman - Topock

- ⦿ Seligman - Route 66 Sign
- ⦿ Kingman - Welcome Sign
- ⦿ Kingman - Water Tower
- ⦿ Kingman - Mr D'z Rte 66 Diner
- ⦿ Kingman - Locomotive Park
- ⦿ Kingman - Mural Museum
- ⦿ Kingman - Route 66 mural
- ⦿ Kingman - Thru Drive Sign
- ⊐ 1 - Turn Right - Exit 44
- ⦿ Sitgreaves - Pass View Point
- ⦿ Oatman - Az
- ⦿ Topok - Welcome California

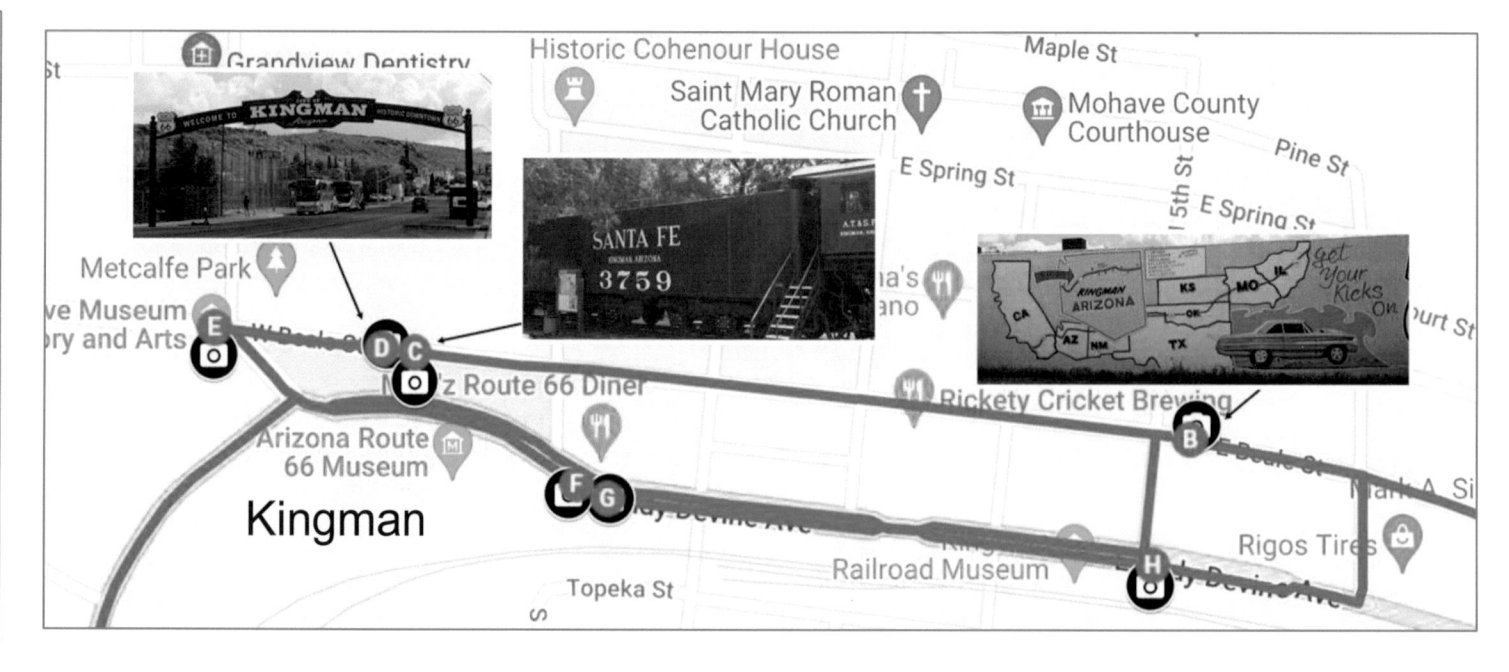

Miles	Cumul	Km	Cumul	Repère	City	POI	Address	GPS
0,6	261,3	1	418	A	Seligman	Worlds Largest Route 66 Sign	22925 W Old Hwy, Seligman, AZ 86337, United States	35.32833, -112.88477
86,9	351,3	139	557	B	Kingman	Route 66 mural	509 Beale St, Kingman, AZ 86401, United States	35.18958, -114.05092
0,6	263,8	1	558	C	Kingman	Locomotive Park	310 W Beale St, Kingman, AZ 86401, United States	35.18995, -114.05938
0,6	261,9	1	559	D	Kingman	Welcome Sign	315 W Beale St, Kingman, AZ 86401, United States	35.19026, -114.0597
0,6	264,4	1	560	E	Kingman	Mohave Museum - Mural	400 W Beale St, Kingman, AZ 86401, United States	35.18993, -114.06116
0,6	351,9	1	561	F	Kingman	Thru Drive sign	120 W Andy Devine Ave, Kingman, AZ 86401, United States	35.18905, -114.05869
0,6	263,1	1	562	G	Kingman	Mr D'z Route 66 Diner	105 E Andy Devine Ave, Kingman, AZ 86401, United States	35.18927, -114.05733
0,6	262,5	1	563	H	Kingman	Mural Water Tower	500-510 E Andy Devine Ave, Kingman, AZ 86401, United States	35.18821, -114.0514
29,4	381,3	47	610	I	Oatman	Historic Village	Historic Rte 66, Oatman, AZ 86433, United States	35.02616, -114.38317
25,0	406,3	40	650	J	Topock	Welcome California	Colorado River Bridge, United States	34.71733, -114.48593

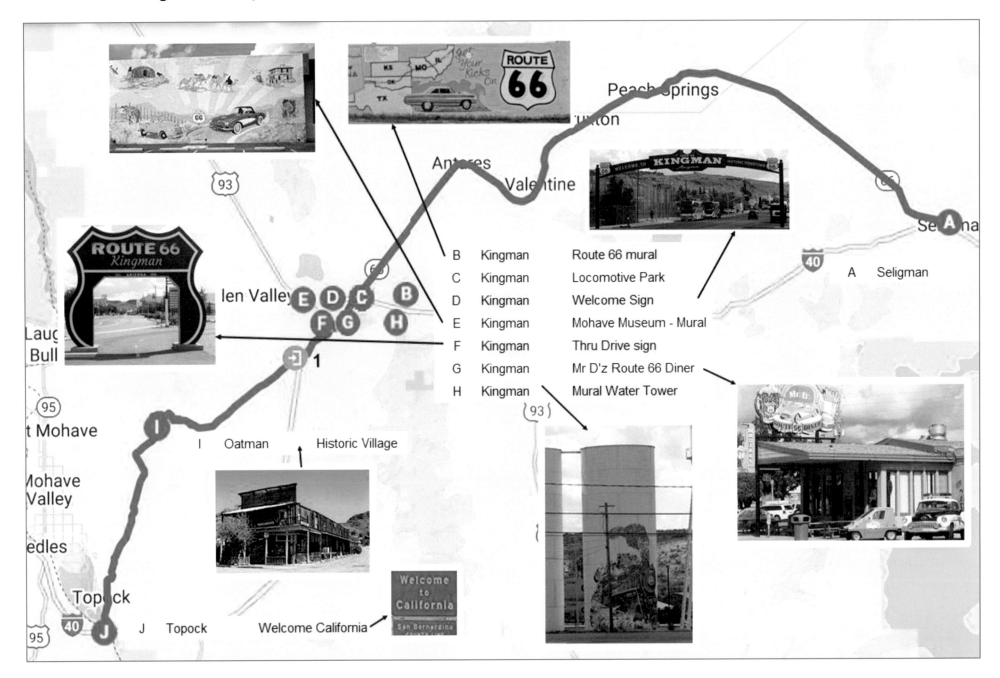

B	Kingman	Route 66 mural
C	Kingman	Locomotive Park
D	Kingman	Welcome Sign
E	Kingman	Mohave Museum - Mural
F	Kingman	Thru Drive sign
G	Kingman	Mr D'z Route 66 Diner
H	Kingman	Mural Water Tower

A Seligman

I Oatman Historic Village

J Topock Welcome California

Partie 1 : Topock - Amboy

- Welcome California
- 1 - Exit 144 - Broadway
- Needles - 66 Motel
- Needles - Railroad Wagon
- Needles - Rt 66 Monument
- 2 - Exit 142 - 40 W
- 3 - Exit 133 - Las Vegas
- 4 - Turn Left - Goffs
- 5 - Exit 78 - Kelbaker Rd
- Amboy - Guardian Lion
- Amboy - Route 66 Sign
- Amboy - Roy's Motel
- Amboy - Crater

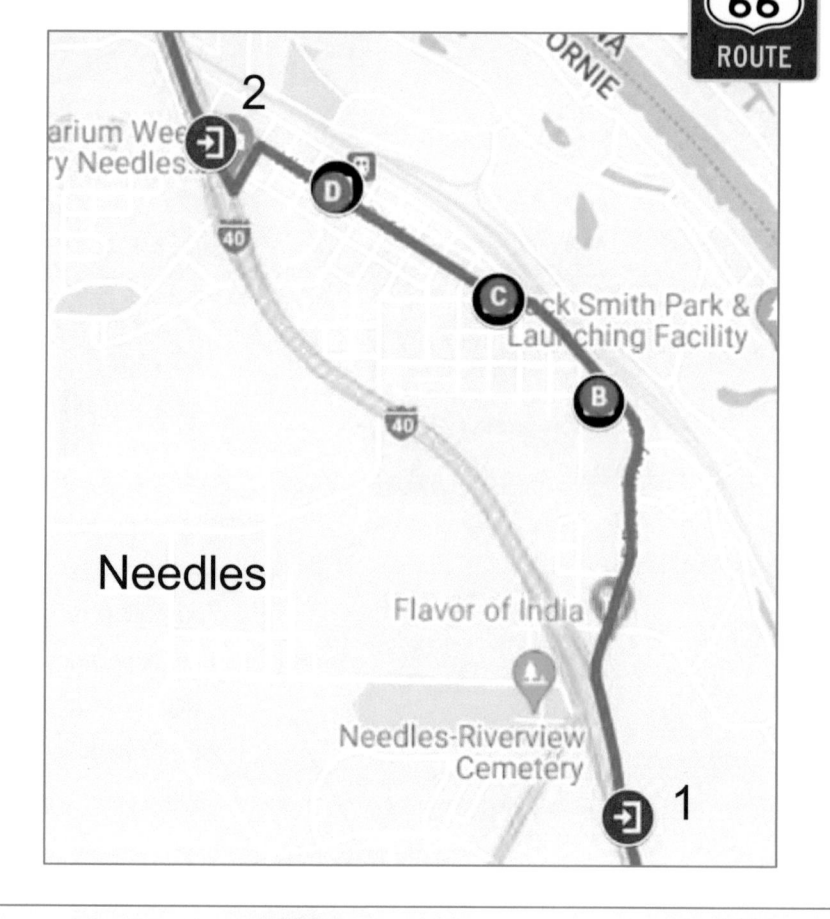

Needles

Miles	Cumul	Km	Cumul	Repère	City	POI	Address	GPS
0,0	0,0	0	0	A	Topock	Welcome California	Colorado River Bridge, United States	34.71733, -114.48593
11,3	11,3	18	18	B	Needles	Route 66 Motel	91 Desnok St, Needles, CA 92363, United States	34.8332, -114.59641
0,6	11,9	1	19	C	Needles	Railroad Borax Wagon	305-399 W Broadway St, Needles, CA 92363, United States	34.83641, -114.60052
0,6	12,5	1	20	D	Needles	Rt 66 Monument	G Street at, W Broadway St, Needles, CA 92363, United States	34.83995, -114.60695
83,1	95,6	133	153	E	Amboy	Dragon-Lion Statue	National Trails Hwy, Amboy, CA 92304, United States	34.55941, -115.66795
3,8	99,4	6	159	F	Amboy	Route 66 Sign	National Trails Hwy, Amboy, CA 92304, United States	34.55853, -115.74187
0,6	100,0	1	160	G	Amboy	Roy's Motel and Cafe	87520 National Trails Hwy, Amboy, CA 92304, United States	34.55876, -115.74363
1,9	101,9	3	163	H	Amboy	Amboy Crater	Amboy, Californie, United States	34.54488, -115.79086

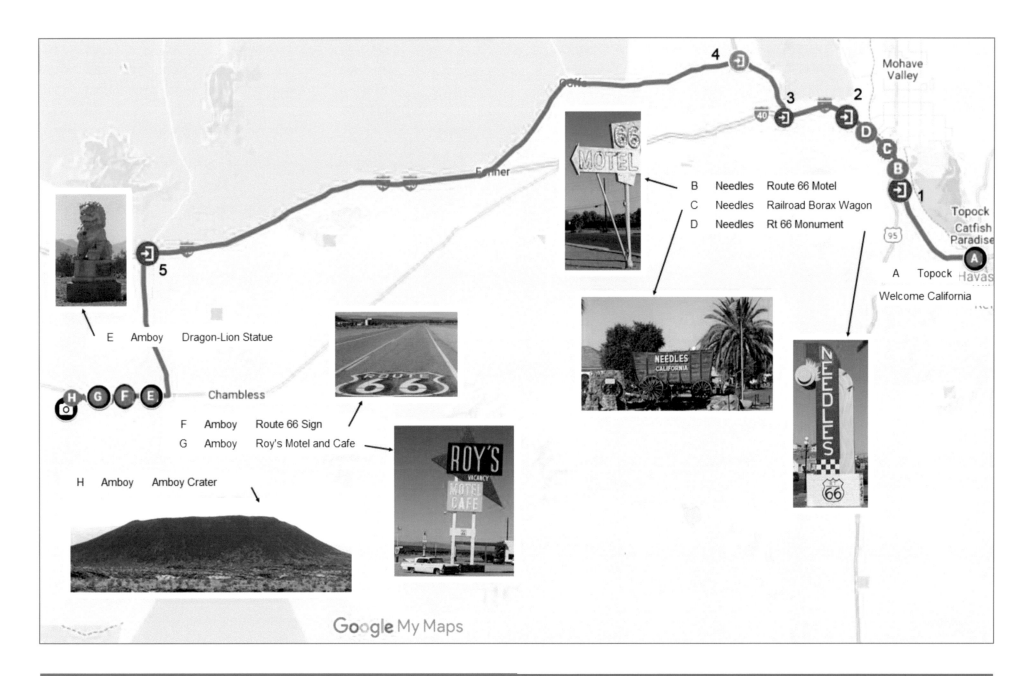

B   Needles   Route 66 Motel
C   Needles   Railroad Borax Wagon
D   Needles   Rt 66 Monument

A   Topock

Welcome California

E   Amboy   Dragon-Lion Statue

F   Amboy   Route 66 Sign
G   Amboy   Roy's Motel and Cafe

H   Amboy   Amboy Crater

Google My Maps

Partie 2 : Amboy - Barstow

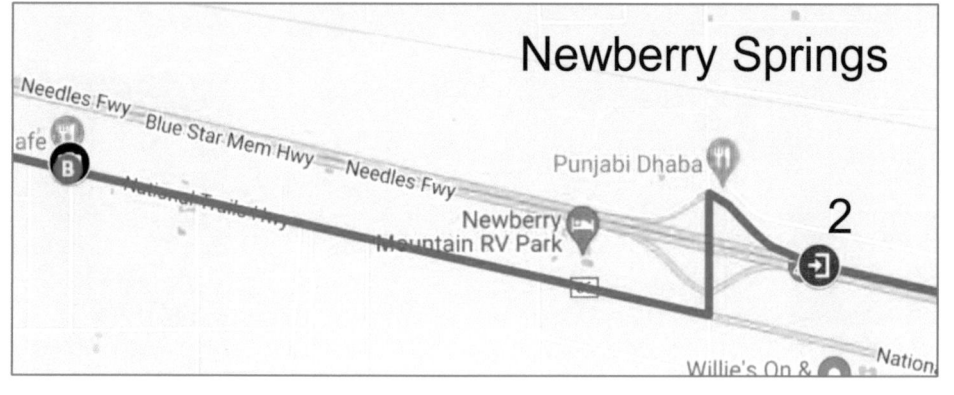

Newberry Springs

2

- Amboy - Crater
- 1 - Exit 50 - West 40
- 2 - Exit 23 - Then Left
- Newberry S. - Bagdad Cafe
- Calico - Ghost Town
- Barstow - Main Street
- Barstow - Murals
- Barstow - Route 66 Motel

Barstow

Miles	Cumul	Km	Cumul	Repère	City	POI	Address	GPS
1,9	101,9	3	163	H	Amboy	Amboy Crater	Amboy, Californie, United States	34.54488, -115.79086
55,6	157,5	89	252	B	Newberry Springs	Bagdad Cafe	46548 National Trails Hwy, Newberry Springs, CA 92365,	34.81965, -116.6433
21,3	178,8	34	286	C	Calico	Ghost Town	36600 Ghost Town Rd, Yermo, CA 92398, United States	34.94872, -116.86505
15,0	193,8	24	310	D	Barstow	Main street	304-308 County Rte 66, Barstow, CA 92311, United States	34.89883, -117.02359
0,6	194,4	1	311	E	Barstow	A lot of Murals	Main street, Barstow, CA 92311, United states	34.8988, -117.02615
0,6	195,0	1	312	F	Barstow	Route 66 Motel	195 Main St, Barstow, CA 92311, United States	34.8989, -117.02948

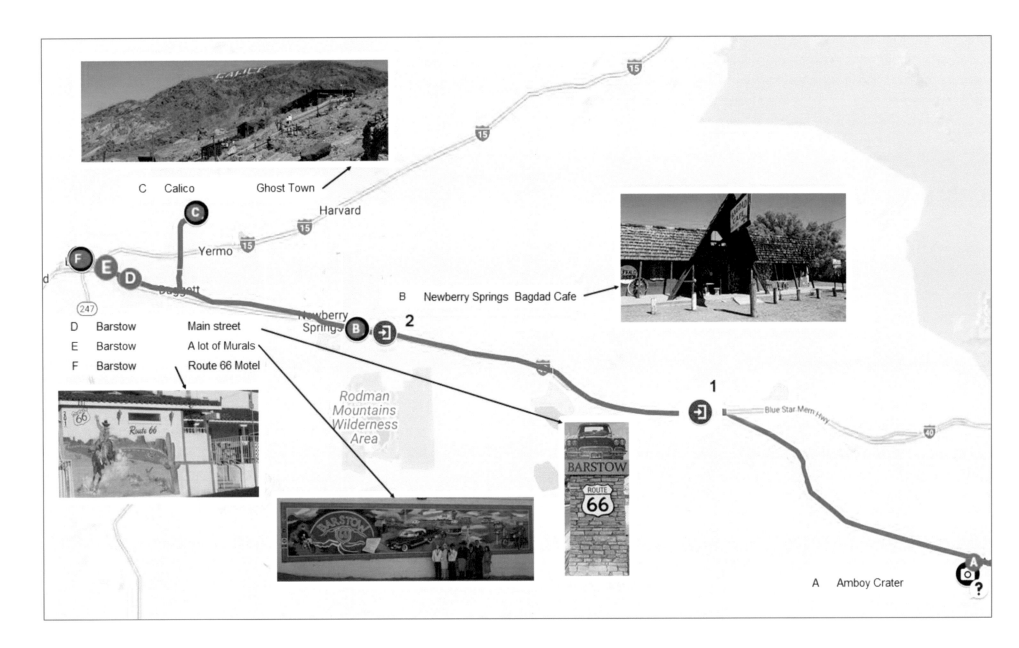

C   Calico

Ghost Town

Harvard

Yermo

B   Newberry Springs Bagdad Cafe

D   Barstow   Main street
E   Barstow   A lot of Murals
F   Barstow   Route 66 Motel

Newberry Springs

Rodman Mountains Wilderness Area

BARSTOW
ROUTE 66

2

1

Blue Star Mem Hwy

A   Amboy Crater

Partie 3 : Barstow - San Bernardino

- Barstow - Route 66 Motel
- Oro Grande - Bottle Tree Ranch
- Oro Grande - Iron Hog Saloon
- Oro Grande - Mojave Bridge
- 1 - Exit 129 - then right
- 2 - Turn Left - W 16th St
- S. Bernardino - First McDonald
- S. Bernardino - Wigwam Motel

Miles	Cumul	Km	Cumul	Repère	City	POI	Address	GPS
0,6	195,0	1	312	A	Barstow	Route 66 Motel	195 Main St, Barstow, CA 92311, United States	34.8989, -117.02948
24,4	219,4	39	351	B	Oro Grande	Elmer's Bottle Tree Ranch	24266 National Trails Hwy, Oro Grande, CA 92368, United States	34.69019, -117.3395
4,4	223,8	7	358	C	Oro Grande	Iron Hog Restaurant & Saloon	20848 National Trails Hwy, Oro Grande, CA 92368, United States	34.62989, -117.34464
4,4	228,1	7	365	D	Oro Grande	Mojave River Bridge	17930 National Trails Hwy, Oro Grande, CA 92368, United States	34.57385, -117.32251
42,5	270,6	68	433	E	San Bernardino	First Original McDonald's	1398 N E St, San Bernardino, CA 92405, United States	34.12551, -117.29452
4,4	275,0	7	440	F	San Bernardino	Wigwam Motel	2728 Foothill Blvd, San Bernardino, CA 92410, United States	34.10699, -117.35

Partie 3 : Barstow - San Bernardino

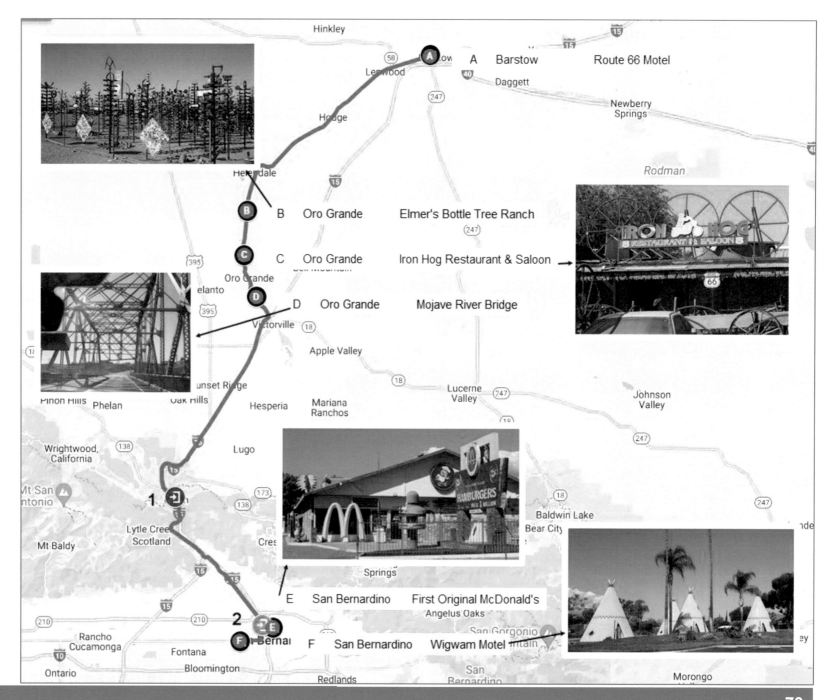

A — Barstow — Route 66 Motel

B — Oro Grande — Elmer's Bottle Tree Ranch

C — Oro Grande — Iron Hog Restaurant & Saloon

D — Oro Grande — Mojave River Bridge

E — San Bernardino — First Original McDonald's

F — San Bernardino — Wigwam Motel

Partie 4 : San Bernardino - Santa Monica

- ○ S.Bernardino - Wigwam Motel
- ⊡ 1 - Turn Left - Arroyo Pkwy
- ⊡ 2 - Exit 24 B - Sunset Blvd
- ⊡ 3 - Turn Left - St Monica Bvld
- ○ Beverly Hills - Sign
- ○ Santa Monica - Will Rogers
- ○ Santa Monica - Pier Arch
- ○ Santa Monica - 66-To-Cali
- ○ Route 66 End of the Trail

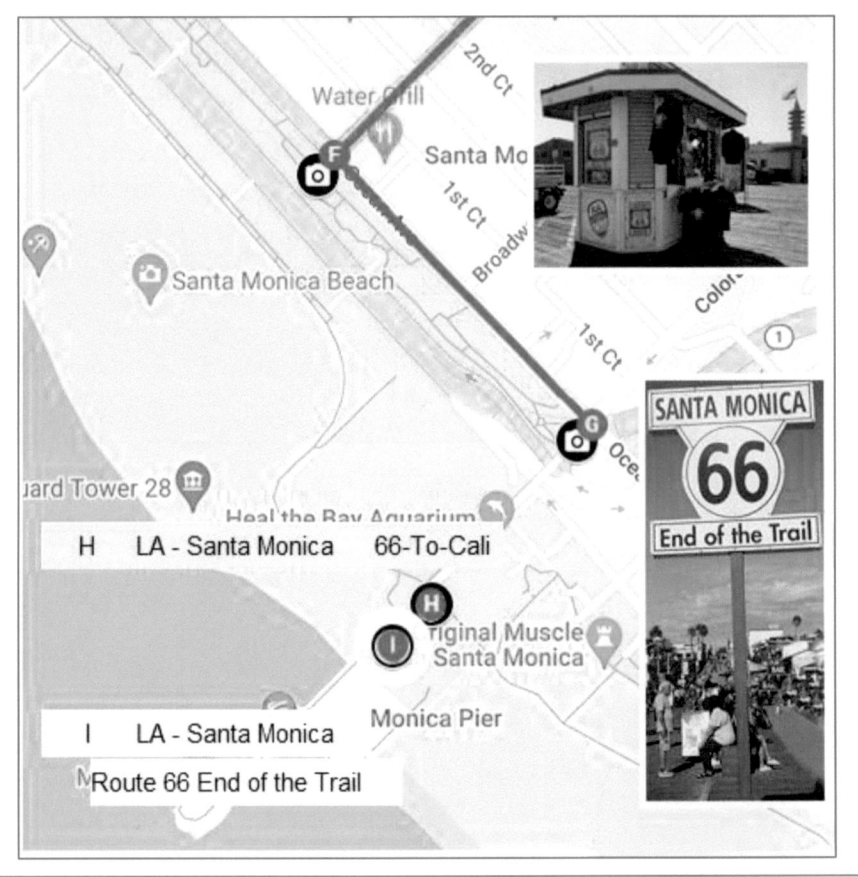

Miles	Cumul	Km	Cumul	Repère	City	POI	Address	GPS
4,4	275,0	7	440	F	San Bernardino	Wigwam Motel	2728 Foothill Blvd, San Bernardino, CA 92410, United States	34.10699, -117.35
46,9	321,9	75	515	B	Pasadena	1 - Turn Left - Arroyo Pkwy	Colorado Bvld - Arroyo Pkwy	34.14571, -118.14748
8,8	330,6	14	529	C	Los Angeles	2 - Exit 24 B - Sunset Blvd	Arroyo Pkwy - Sunset Blvd	34.0654, -118.2432
3,1	333,8	5	534	D	Los Angeles	3 - Turn Left - Santa Monica Bvld	Sunset Blvd - Santa Monica Blvd	34.09308, -118.28113
7,5	341,3	12	546	E	LA - Santa Monica	Beverly Hill Sign	9390 N Santa Monica Blvd, Beverly Hills, CA 90210,United States	34.0725, -118.40362
6,9	348,1	11	557	F	LA - Santa Monica	Will Rogers Highway - Original End of Trail	Santa Monica, Californie 90401, United States	34.01389, -118.4983
0,6	348,8	1	558	G	LA - Santa Monica	Santa Monica Pier Arch	81-99 Colorado Ave, Santa Monica, CA 90401, United States	34.01126, -118.49511
0,6	349,4	1	559	H	LA - Santa Monica	66-To-Cali	Colorado Ave, Santa Monica, CA 90401, United States	34.00964, -118.4969
0,6	350,0	1	560	I	LA - Santa Monica	Santa Monica - Route 66 End of the Trail	330 Santa Monica Pier, Santa Monica, CA 90401, United States	34.00936, -118.4973

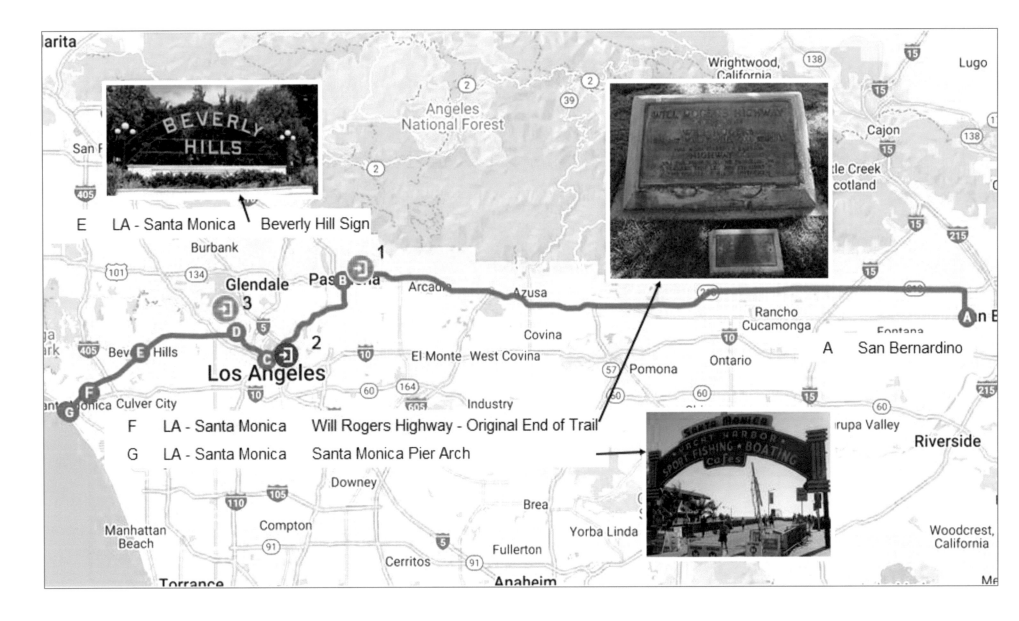

E   LA - Santa Monica   Beverly Hill Sign

F   LA - Santa Monica   Will Rogers Highway - Original End of Trail

G   LA - Santa Monica   Santa Monica Pier Arch

A   San Bernardino

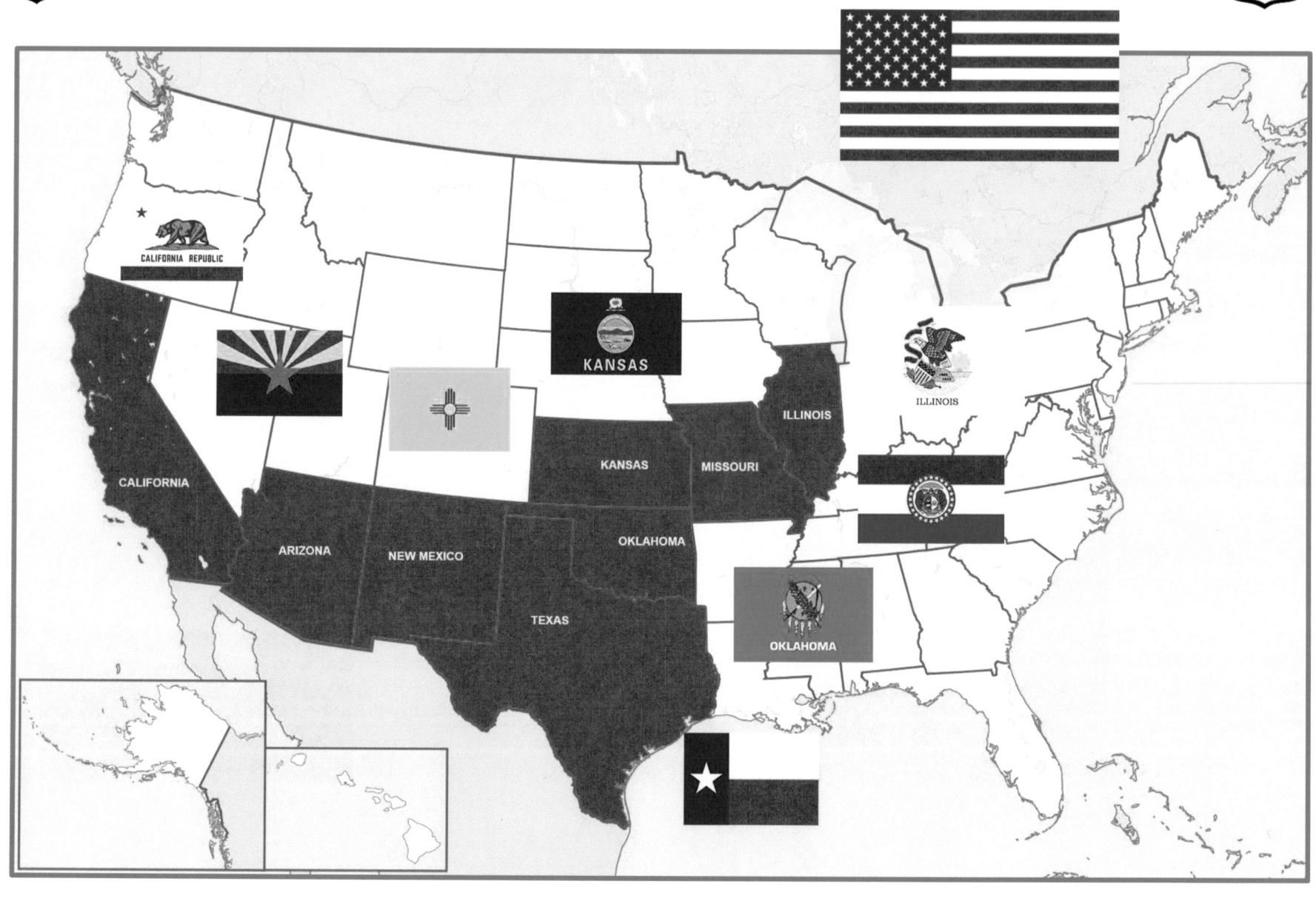

Illinois, Missouri, Kansas, Oklahoma, Texas, New Mexico, Arizona, California

Ce tableau vous permet de préparer votre Road Trip sur la Route 66, avec les informations de base. Vous aurez ainsi une vue d'ensemble de votre voyage.

Jour N°	Jour semaine	Date	Départ	Etat	Index Dpt	Arrivée	Etat	Index Arr	Nb Miles	Cumul	Hôtel / Motel
1											
2											
3											
4											
5											
6											
7											
8											
9											
10											
11											
12											
13											
14											
15											
16											
17											
18											
19											
20											
21											
22											
23											
24											
25											

Retrouvez sur cette page un ensemble d'informations et d'astuces pour préparer votre road-trip sur la Route 66.

Bien sûr, cette liste n'est pas exhaustive.

Administratif	Ok
Passeport	
Esta	
Carbe Bancaire (Crédit)	
Billets Avion	
Réservations Hôtels / Motels	
Réservation Voiture	
Assurance Multirisque	
Prestation conciergerie	
Dollars en espèces	

Matériel informatique	Ok
Téléphone compatible "Volte"	
Tablette avec cartes off line	
Appareil photo avec carte double	
Clé Usb sauvegarde	
Prise américaine / européenne	
Perche Selfie	
GPS (Voiture ou Tablette)	
Traducteur (sur téléphone)	
Chargeurs divers	

Documentation	Ok
Le Road book perso	
Le guide EZ66	
Le Petit futé	
Emails et Téléphones des Hôtels	
Email et Téléphone du loueur	
Email et Téléphone de l'assurance	
Cahier (Dépenses - Journal)	
Crayons / Stylos	

Accessoires	Ok
Glacière souple	
Sachets Ziplock (pour glaçons)	
Couteau suisse	
Lampe de poche	
Petit sac à Dos	
Ouvre-boîte - Tire-bouchon	
Petits sacs poubelles	
Couverture légère	
Lingettes	
Gel Hydroalcolique	
Masques	

Astuces et Conseils
Payer le carburant en cash (moins cher)
Faire le plein de carburant la veille
Repérer les magasins "Walmart" ou "CVS" pour les courses
Préparer la route du lendemain la veille
Penser aux pourboires pour les serveurs (15 à 20% de la facture)
Respecter les limitations de vitesse
Prévoir un tableau de conversion du sytème de mesure (miles et gallons)
1 mile = 1,609 km - 1 Gallon = 3,785 litres
Le matin
Remplir les sachets ziplock avec les glaçons disponibles dans les hôtels
Partir tôt le matin pour profiter de la route et des arrêts
Arriver avant la nuit

Jour N°	Jour semaine	Date	Essence	Alimentation / Epicerie	Pdj / Lunch / Diner	Visite	Cadeaux / Divers	Total Journée
		Totaux :						

Jour N°	Jour semaine	Date	Essence	Alimentation / Epicerie	Pdj / Lunch / Diner	Visite	Cadeaux / Divers	Total Journée
		Totaux :						

Jour N°	Jour semaine	Date	Essence	Alimentation / Epicerie	Pdj / Lunch / Diner	Visite	Cadeaux / Divers	Total Journée
		Totaux :						

Jour	Date	Départ	Arrivée	Index Départ	Index Arrivée	Distance	Cumul	Observation

Jour	Date	Départ	Arrivée	Index Départ	Index Arrivée	Distance	Cumul	Observation

Ce Road Book vous a plu ?

Nous vous proposons les ouvrages sur la Route 66 :

Les Murals de la Route 66 : https://www.amazon.fr/dp/B0BMSN6Z6R

Les 205 Points d'intérêt : https://www.amazon.fr/dp/B0BPGGF6ZM

Et Maintenant, en route
pour un voyage extraordinaire

Printed in France by Amazon
Brétigny-sur-Orge, FR

19630917R00049